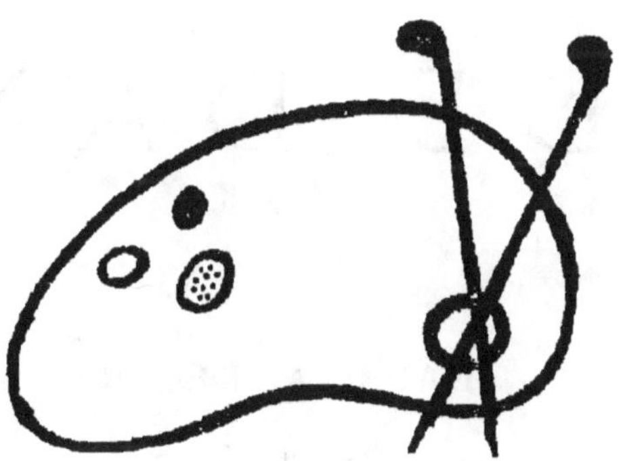

Original en couleur

NF Z 43-120-8

CONSTITUTIONS SYNODALES

DE L'ANCIEN DIOCÈSE

DE DAX

PAR

L'ABBE A. DEGERT

Docteur ès-lettres

Lauréat de l'Institut

DAX

IMPRIMERIE-RELIURE H. LABEQUE

11, rue des Carmes

1898

B

B

40973

CONSTITUTIONS SYNODALES

DE L'ANCIEN DIOCÈSE

DE DAX

PAR

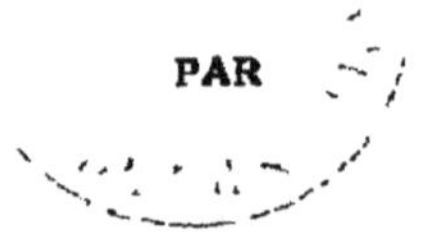

L'ABBÉ A. DEGERT

Docteur ès-lettres
Lauréat de l'Institut

DAX
IMPRIMERIE-RELIURE H. LABÈQUE
11, rue des Carmes
—
1898

CONSTITUTIONS SYNODALES

DE

L'ANCIEN DIOCÈSE DE DAX

INTRODUCTION

Constitutions particulières aux diverses Eglises — Constitutions Synodales du diocèse de Dax — Mentions diverses — Leur texte manuscrit et imprimé, son histoire — Intérêt historique.

INDÉPENDAMMENT des lois communes à toute l'Eglise, chaque diocèse a généralement des constitutions ou des statuts qui lui sont propres. Cet usage n'est pas particulier à notre époque. Si haut qu'on remonte dans l'histoire de nos antiquités chrétiennes, qu'on consulte les divers écrits des Pères ou les récits de voyages dûs à de simples fidèles, comme par exemple la *Peregrinatio Sylviae,* on trouve dans chaque région ecclésiastique, parfois même dans chaque église, des usages locaux qui constituent, sinon des dérogations à la discipline générale, du moins autant de façons diverses de l'appliquer (1).

Il est donc permis de supposer que l'église de Dax dût avoir de bonne heure ses coutumes spéciales. Ce ne sont pas seulement ces raisons d'ordre général qui nous inclinent à le croire. Cette église avait dès la

---

(1) Ainsi nous avons eu déjà occasion de relever les usages particuliers aux Eglises de Constantinople et d'Antioche dans notre *Etude sur les mœurs orientales* d'après les sermons de St Jean Chrysostome (inédit) couronnée par l'Académie des Sciences morales et politiques et ceux des Eglises d'Afrique dans notre these latine : *Quid ad mores ingeniaque Afrorum cognoscenda conferant sancti Augustini sermones.* (Paris, Lecoffre, 1894).

seconde moitié du XIIIe siècle (1) son bréviaire propre et ainsi son martyrologe et ses rubriques. N'étaient-ce pas là les éléments ordinaires et les plus importants d'un corps de statuts ?

Peut-être bien y avait-il eu chez nous de sérieux essais de codification de nos usages antérieurement à cette époque. Mais en raison du peu d'autorité dont jouit le cartulaire de Divielle, le seul document qui nous en ait conservé le souvenir, nous n'osons pas hasarder une affirmation plus catégorique.

Nous ne rechercherons donc pas ce que pouvaient être ces saintes et religieuses institutions que l'Eglise de Dax dut à son évêque Julanus (2) ni ce qu'étaient ces *decreta Ecclesiae* dont la violation vicia l'élection de l'évêque Carterius (3). Nous ne nous occuperons pas davantage des divers règlements donnés aux chanoines dans le cours du XIIIe siècle (4). Durables ou passagers, ces règlements ne concernaient que les chanoines. Il n'y avait là rien qui intéressât à la fois l'ensemble du clergé et les fidèles comme le font généralement les constitutions synodales.

Pour trouver dans nos histoires, mention de pareilles constitutions il faut attendre jusqu'à l'épiscopat d'Arnaud de Ville. Ce prélat, dit Oïhénart, promulgua des constitutions synodales en 1283. Les auteurs du *Gallia Christiana* répètent la même mention sans y rien ajouter de plus. Ils renvoient, il est vrai, au tome XI des Conciles de Labbe; mais si Arnaud de Ville est nommé dans ce volume (5), il n'est pas autrement question de ses constitutions. Nous ne sachons pas qu'il en ait été parlé plus longuement ailleurs.

Il nous est permis aujourd'hui de suppléer à ce silence général. Rien ne sera plus facile désormais que de prendre une pleine connaissance des

---

(1) Le plus ancien exemplaire connu en est conservé dans les Archives du Grand Séminaire d'Aire. Sans vouloir déterminer ici d'une façon plus précise la date de ce bréviaire, nous croyons qu'il est postérieur à 1253 et antérieur à 1298, car saint Pierre de Vérone canonisé en 1253 figure déjà dans le Sanctoral et saint Augustin ni saint Ambroise n'y portent encore le titre de docteurs que leur conféra en 1298 le pape Boniface VIII.

(2) Julanus, vir magnae probitatis multa sancte et religiose instituit in Ecclesia Aquarum. *Ex cart. Villae Dei* cité d'après Compaigne : *Dyptiche ou catalogue des Evêques de Dax*, p 17.

(3) ... Contedebant de electione decretis Ecclesiae contraria et adversa. *Ibid*. p. 18).

(4) « Un corps de statuts fut dressé en 1101 pour fixer les portions des chanoines et prébendés sur les distributions communes. . Il y eut des statuts faits en 1227, en 1299, en 1302. » (Batbedat. *Mémoire historique*, fol. 29)

(5) Pas à la page 2, comme dit le *Gallia*, mais à la page 2375, c.

premières constitutions de l'Eglise de Dax. La présente étude n'a pas d'autre objet que la publication du texte même des Constitutions Synodales d'Arnaud de Ville. D'autres les accompagnent ; mais, quoi qu'en ait dit Oïhénart, elles ne sont pas d'Arnaud de Ville et elles n'ont pas vu le jour en 1301 (1). Nous verrons plus tard d'où provient l'erreur du docte historien.

Bornons-nous pour le moment à constater qu'après les constitutions d'Arnaud de Ville, Oïhénart mentionne encore les constitutions synodales données en 1351 par l'évêque Bernard (2) et en 1360 par l'évêque Pierre Itier (3).

Ce renseignement est exact, mais incomplet. Nous le savons aujourd'hui que nous avons dans les mains le texte de deux autres séries de constitutions synodales données par le même évêque Bernard en 1328 et en 1345.

Cela fait six séries de constitutions synodales dont nous sommes heureux de publier le texte.

De ces six constitutions il en est quatre auxquelles nos historiens locaux n'ont donné qu'une courte mention en passant, deux dont ils n'ont même pas soupçonné l'existence.

Cette pénurie de renseignements ne laisse pas que de surprendre, surtout quand on sait que les premières constitutions, celles d'Arnaud de Ville font une rigoureuse obligation à tous les prêtres d'avoir et au besoin de copier le texte des statuts synodaux. De plus ce texte même fut livré à l'impression probablement, comme nous allons le voir dans les premières années du XVI⁏ siècle. Et cependant il ne nous a été conservé que par deux exemplaires, l'un manuscrit, l'autre imprimé.

Le manuscrit se trouve aujourd'hui à la Bibliothèque Nationale sous le n° 1542 du fonds latin. Il a fait partie de la Bibliothèque de Colbert sous le n° 1574. Passé dans la Bibliothèque du Roi il a été magnifiquement relié aux armes de Louis XIV. Il est écrit sur 2 colonnes et mesure 0,24 c. de large sur 0,38 c. de long.

En tête du volume se trouvent les constitutions de la province d'Auch (4)

---

(1) « Anno 1283 constitutiones synodales promulgavit ; alias item anno 1301. » *Notitia utriusque Vasconiae* 2ᵉ Ed. p. 476.

(2) Hic quoque novas constitutiones synodales edidit anno 1351. Op. cit. p. 476.

(3) Constitutionibus a superioribus Pontificibus factis novas addidit. *Ibid*.

(4) Incipiunt constitutiones provinciales Auxitane provincie. Publicamus et precipimus observari, etc.

elles occupent les huit premiers folios. Puis viennent trois séries de constitutions synodales du diocèse de Dax. Elles sont datées de 1283, 1328, 1345. Elles vont du folio 8 v. au folio 17 v. Ainsi que l'indique le caractère de l'écriture, le manuscrit date du XIVᵉ siècle ; il a dû être fait peu de temps après le synode de 1345, aussi ne contient-il aucune des constitutions postérieures. Disons, pour en finir avec le contenu du manuscrit, qu'à la suite des constitutions synodales, viennent 1° une charte d'Edouard III en faveur des habitants de Dax (1). 2° Une copie des Etablissements de la même ville du folio 18 v. au folio 29 v. 3° Un traité incomplet, *De electionibus*, dû (2) à un Guillaume de Mandagot, archidiacre de Nîmes (3).

Pour ce qui nous concerne, le manuscrit des Constitutions a été exécuté avec soin, enrichi de belles capitales et çà et là d'enluminures. Il est au point de vue matériel en parfait état de conservation et d'une lecture relativement facile. Il y a lieu cependant de faire une distinction entre les constitutions de 1345 et les précédentes ; elles sont de deux mains différentes. Le copiste des constitutions de 1345 n'était pas de notre pays et il ignore à peu près le latin. Aussi les noms propres sont affreusement estropiés et la plupart du temps il a été impossible de les restituer. Quant à la transcription du texte, elle est absolument défectueuse, et incorrecte au point d'être trop souvent inintelligible. Il nous a fallu essayer à nos risques et périls de rétablir le sens et la ponctuation.

Le texte imprimé semble avoir été aussi peu connu jusqu'ici que le texte manuscrit. Le volume que nous avons sous les yeux, le seul que l'on connaisse, nous a été gracieusement communiqué par notre ancien maître à la Faculté libre des Lettres de Toulouse, M. l'abbé Couture. Il est imprimé en caractères gothiques avec les abréviations et la ponctuation des manuscrits du moyen-âge et mesure 184 millimètres de long sur 128 de large. Comme il ne porte aucune indication de date ni de lieu, il est assez difficile de dire exactement en quelle année il a été imprimé et de quelles presses il est sorti. Les marques typographiques

---

(1) L'original se trouve dans les archives municipales de Dax. A. A. I.

(2) Ainsi que nous l'apprennent ces mots placés vers la fin du texte : « *Finis decreti electionis compositi a G. de Mandagoto archidiacono Nemausensi* » V. *Gall. christ.* T. I, p 319 et col. LVII.

(3) Comme ce Guillaume de Mandagot fut archevêque d'Aix (*Aquensis*) (1311-1321), quand le volume fut formé on crut y joindre avec ce traité l'œuvre d'un auteur dacquois, *Aquensis*.

qui le terminent ne fournissent pas là-dessus d'indices suffisants. Elles ne rentrent dans aucun des types relevés par Silvestre (1) ou par Brunet dans son *Manuel du Libraire*. Des bibliographes versés dans l'histoire des origines de l'imprimerie n'osent se prononcer d'une façon affirmative à leur endroit. Tel d'entre eux a vu dans les caractères de notre volume les types des livres imprimés à Toulouse vers le commencement du XVIe siècle par Mayer. Tel autre, M. Claudin croyons-nous, a lu dans les initiales qu'on trouvera reproduites à la fin de notre texte « Arnaldus Guilhelmus de Brocario ». Cet Arnaud Guilhem de Brocario est un imprimeur espagnol assez connu. Il aurait imprimé dans les premières années du XVIe siècle à Pampelune, Logrono, Alcala, etc. C'est de ses presses que sortit la fameuse Bible polyglotte de Ximenès. Nos Constitutions auraient donc ainsi été imprimées en Espagne probablement après 1500. Nous verrons plus tard s'il n'est pas possible de préciser davantage.

Quoi qu'il en soit de l'origine de notre volume, voici quel est son contenu. En tête se placent d'abord les constitutions de la province d'Auch, elles couvrent vingt feuillets. Ce sont exactement les mêmes que celles de notre manuscrit. Elles se répartissent par ordre de date entre les années 1290, 1300, 1303, 1304, 1307 et 1315. Viennent ensuite, mais en pagination distincte, les constitutions synodales du diocèse de Dax de 1283, de 1328 et de 1345 dans l'ordre où nous les a présentées le manuscrit.

Comparés dans les parties qui leur sont communes, ces textes manuscrit et imprimé n'offrent pas de différences bien notables. Quelques titres en plus ou en moins, quelques interversions de mots, quelque divergence dans la lecture ou la résolution des abréviations, il n'y a là rien qui dépasse ce qu'on est habitué à trouver dans des manuscrits de transcriptions différentes. Nous avons d'ailleurs soigneusement relevé toutes les variantes qui en valaient la peine.

Des différences cependant existent, mais elles proviennent d'additions ou de coupures qui ont été faites volontairement dans le texte manuscrit quand il s'est agi de le livrer à l'impression. Ainsi des dispositions tout à

---

(1) L. C. Silvestre. *Marques typographiques* ou recueil des monogrammes chiffres... des libraires et imprimeurs qui ont exercé en France depuis 1470 jusqu'à la fin du XVIe siècle. (Paris, 1867).

fait nouvelles sur l'opération césarienne ont été ajoutées après coup aux constitutions synodales d'Arnaud de Ville ; d'autre part la nécessité de l'autorisation épiscopale pour les inhumations dans les églises en a disparu. Les constitutions de 1345 ont subi un remaniement complet. Tout ce qui a trait aux plaintes des prêtres et bénéficiaires ecclésiastiques contre le droit que s'arrogeait l'évêque de s'attribuer leurs biens à leur mort a été purement et simplement supprimé. On n'a laissé subsister que les parties essentielles de ces constitutions, les ordonnances de l'évêque Bernard, la constitution des arbitres chargés de régler le litige et la teneur de leurs décisions.

Quand on n'aurait pas été convaincu de par ailleurs qu'un évêque avait pu seul livrer à l'impression le texte de nos constitutions synodales la nature des additions et des suppressions introduites dans le texte démontrent que cette impression ne put être que l'œuvre d'un évêque. Seul un évêque avait autorité pour ajouter aux ordonnances de ses prédécesseurs. Seul il avait quelque intérêt à faire disparaître du texte de ces ordonnances des récriminations désobligeantes pour l'autorité épiscopale.

Il n'est donc pas douteux qu'un évêque de Dax dût prendre l'initiative de livrer à l'impression le texte de nos constitutions synodales. Mais quel est cet évêque ? Le volume imprimé n'en dit rien ni ne fournit là-dessus d'autres indices que la forme de ses caractères, et cet indice nous l'avons vu ne présente qu'une précision relative.

Mais Compaigne nous assure (1) que l'évêque de Dax Garsias Arnaud de Boirie (1506-1514) « renouvela les anciennes constitutions synodales concernant la préférence des Diocésains aux bénéfices à l'exception des étrangers ». On peut facilement attacher ce sens aux dispositions de nos constitutions provinciales et synodales qui défendent l'admission des prêtres étrangers. D'autre part les auteurs du *Gallia Christiana* nous apprennent que Jean de la Marthonie, le successeur immédiat d'Arnaud de Boirie, (1514-1519), fit publier des constitutions (2).

C'est donc probablement à l'un ou l'autre de ces deux évêques que revient l'honneur d'avoir fait imprimer nos constitutions. Peut-être cependant faudrait-il l'attribuer plutôt à G. Arnaud de Boirie, car d'après

____

(1) *Dyptiche*, p. 80.
(2) « *Ut relexatos vel etiam corruptos populi mores adstringeret, corrigeretque, sollicitus fuit de constitutionibus publicandis.* » Gall. christ. T. I, p. 1057. Ed. Palmé.

Compaigne les constitutions synodales publiées par Jean de la Marthonie « assurent qu'il estoit abbé de Lapérouse » (1). Rien de pareil ne se trouve dans nos constitutions.

Que ce soit Arnaud de Boirie, Jean de la Marthonie ou tout autre, l'évêque de Dax qui songea à doter son clergé d'un corps de statuts imprimés n'eut pas à aller chercher bien loin. Il devait exister déjà chez nous des collections de décrets de conciles provinciaux ou de synodes diocésains comme il existait ailleurs des collections de canons de conciles généraux ou autres. Notre manuscrit de la Bibliothèque Nationale avec ses constitutions des conciles de la province et des synodes du diocèse célébrés jusqu'alors n'est qu'un recueil de ce genre. C'est lui qui servit donc de base à la publication que méditait l'évêque. Seulement, en sa qualité d'éditeur et d'évêque, G. Arnaud de Boirie se crut le droit et le devoir de le compléter par l'addition de toutes les constitutions ultérieurement promulguées ou de dispositions réclamées par les besoins des temps, soit même d'en élaguer certains préambules inutiles ou des réglementations surannées.

Et c'est ainsi que fut formé le texte sorti des presses d'Arnaud Guillelm de Brocario.

Outre les constitutions de 1283, de 1328 et de 1345 il contenait les constitutions de 1351, celles de 1360 et finalement une série d'autres dont voici le début : « Anno Domini MCCCI, XVIII mensis septembris... in synodo facto et celebrato per reverendum in Christo patrem Dominum Garsiam-Arnaldi Dei et apostolice sedis gracia episcopum aquensem... publicate fuerunt constitutiones que sequuntur. »

Le silence de notre manuscrit sur des constitutions de 1301, et le respect que l'éditeur avait eu jusqu'ici pour l'ordre chronologique nous empêchaient de trouver quelque bonne raison qui eût pu faire réléguer à la fin du volume des constitutions de 1301. La pensée nous vint qu'il y avait erreur dans la transcription de la date, qu'un C avait dû être omis. Mais à s'en tenir à nos listes épiscopales recueillies par Compaigne, Oïhénart et le *Gallia,* notre conjecture se heurtait à une sérieuse difficulté. Aucune d'elles ne contient à cette date de 1401 un évêque du nom de Garsias-Arnaud. Heureusement des documents récemment publiés

---

(1) *Dyptiche* p. 81.

ont comblé les lacunes de ces listes, Déjà Thore dans son manuscrit publié dans le *Bulletin de la Société de Borda* (1) nous avait appris que le siège de Dax était occupé dès le mois d'avril 1401 par un évêque du nom de Garsias-Arnaud. Ce renseignement trouve sa confirmation dans d'autres documents connus depuis Thore, mais publiés antérieurement à ses mémoires, dans le même Bulletin, par M. G. d'Olce (2). On y lit qu'en décembre 1401 était évêque de Dax « Mossen Gassard ». M. d'Olce a négligé de résoudre l'abréviation, ce qui eût donné Garsias-Arnaud, ainsi que ce personnage est nommé dans d'autres endroits de ces mêmes documents (3).

Si quelque doute avait subsisté dans notre esprit, les noms des témoins et notaires cités au bas des constitutions devaient le faire totalement disparaître. Voici en effet ce qu'on y lit : « *Et fuerunt notarii ad hoc requisiti super publicatione dictarum constitutionum magistri Joannes de Busqueto, Stephanus de Gonte, Raymundus de Vinea, presentibus domino Bertrando de Ativo canonico baionensi, Dominico de Beneruco, notario aquensi oriundo...* Trois de ces noms nous sont connus ; ils sont portés par des personnages de Dax vivant vers 1401. Jean de Busquet figure dans des actes datés du 25 janvier 1397 (4), 8 juin 1399 (5), 8 mai 1400 (6), 14 août 1400 (7), 23 avril 1401 (8), 8 décembre 1401 (9). Dans celui du 25 janvier 1397 figure aussi *Ramond de le Binhe* (10) ; c'est notre *Raymundus de Vinea,* tout comme dans celui du 8 mai 1400 nous trouvons le notaire *Domenjon de Beneruc* qui n'est autre que le *Dominicus de Beneruco* des constitutions.

Il n'y a donc plus de doute ; la date de MCCCI doit faire place à celle de MCCCCI dans notre nouveau texte. Mais on comprend dès lors comment par suite de cette mauvaise lecture Oïhénart avait été amené à attribuer à Arnaud de Ville dont l'épiscopat s'étendit jusqu'en 1305 une nouvelle série de constitutions. De leur côté les auteurs du *Gallia* ne

---

(1) Année 1879, p. 222.

(2) Annee 1878, p. 237 et s.

(3) On y voit aussi que son nom était Garsias-Arnaud de Navailles.

(4) *Bulletin de la Société de Borda* 1878, p 237 et s.

(5) *Ibid.* — (6) *Ibid.* — (7) *Ibid.* — (8) *Ibid.* — (9) *Ibid*

(10) M. d'Olce hésitait entre la leçon *de la Bruhe* ou *de la Binhe* ; cette dernière ne semble plus douteuse.

savent trop que penser du Garsias-Arnaud des Constitutions ; ils inclinent à le supprimer à la date de 1301 ou à l'identifier avec Garsias-Arnaud de Caupenne (1305-1326). En revanche ils croient devoir prolonger bien au delà de 1401 l'épiscopat de Pierre Du Bosc qui commence en 1392. Oïhénart le faisait durer jusqu'en 1409, et eux jusqu'en 1405. La correction que nous proposons remet toutes choses en place ; rien n'autorise plus à faire commencer l'épiscopat de Garsias-Arnaud de Caupenne en 1301 comme l'ont fait quelques historiens (1), ni à étendre celui de Pierre Du Bosc au delà des premiers mois de 1401.

Mais cette rectification n'est pas la seule que le texte de nos constitutions nous permette d'introduire dans nos listes épiscopales. Depuis Compaigne (2), nos historiens locaux (3) répètent à l'envi que Bernard de Liposse dut céder le siège de Dax à Arnaud-Guillaume de Poylohaut après deux ans d'épiscopat. Nos constitutions de 1328, de 1345 et de 1351 démentent cette tradition. Elles sont l'œuvre d'un évêque dont la plupart des fois elles ne nous font connaître le nom que par son initiale B. Mais il leur arrive une fois ou deux de donner ce nom en toutes lettres et nous voyons bien qu'il s'appelait Bernard. Entre les années 1328 et 1351 il n'y a donc pas de place dans nos listes épiscopales pour un Arnaud-Guillaume de Poylohaut.

Mais ce n'est pas à quelques rectifications de nos listes épiscopales que se borne pour nous l'intérêt historique des constitutions synodales de l'ancien diocèse de Dax. Il y a là une abondante source de renseignements pour l'historien des idées, des mœurs et des institutions au moyen âge. Pour nous en particulier nous y voyons quel était à cette époque l'état matériel et moral du clergé dacquois, ses rapports avec le peuple et les pouvoirs publics. Croyances religieuses, superstitions populaires, évolution des rites, conflits de juridictions ont laissé leur empreinte dans ces règlements élaborés année par année, sous le contre-coup d'événements tout récents, sous l'empire de préoccupations ou d'aspirations encore mal définies. Quelquefois même il est aisé de retrouver sous la lettre morte du texte juridique l'écho encore vivant des

---

(1) Cf. *Bull. de la S. de Borda* 1879, p. 221.

(2) *Dypliche*, p. 62 et 67.

(3) V. *Bull. de la S. de Borda* 1879, p. 221, *Semaine Religieuse* d'Aire 1879, p. 519, et *Rev. de Béarn et Navarre*, 1883, p. 505.

compétitions qui mirent aux prises évêques et chanoines, moines et curés, clercs et bourgeois.

Mais ces dissensions sont passagères. Ce qui semble avoir été, au moins pour les divers membres du clergé, le caractère le plus constant de leurs rapports réciproques, c'est le bon accord et l'entente mutuelle. C'est bien ce qu'attestent à leur façon ces séries de constitutions qui se succèdent pendant plus d'un siècle. Dues pour la plupart à l'initiative des évêques et établies par eux, il est cependant noté de chacune d'elles qu'elle fut faite en synode : de telles d'entre elles il est même dit qu'elles furent publiées avec l'exprès assentiment de tout le clergé du diocèse (1). Aussi peut-on dire qu'elles furent l'œuvre collective du clergé dacquois et émanèrent de la libre collaboration de ses divers membres. Aussi est-on heureux de trouver dans leurs multiples dispositions comme le témoignage des efforts de ce clergé pour se rendre de plus en plus digne de sa haute mission.

Son zèle dans le gouvernement spirituel des peuples s'y montre aussi avec autant d'éclat que sa sagesse. Le bien des âmes, le souci des bonnes mœurs, la paix sociale sont au premier rang des préoccupations de ce clergé qui a déjà bien perdu toute allure féodale. Evêques et prêtres ne poursuivent plus qu'un seul idéal : se mieux pénétrer de l'esprit chrétien pour le répandre plus abondamment dans le peuple fidèle. Aussi n'épargnent-ils aucun des moyens que la religion et les mœurs mettent en leurs mains pour défendre l'intégrité de la foi, pour extirper les superstitions, réprimer l'usure, le brigandage et les violences à main armée.

Ce n'est pas dire que certaines prescriptions ne laisseront pas parfois de paraître étranges à des esprits modernes ; mais est-ce avec les sentiments de notre âge que nous devrons toujours juger les époques antérieures ?

Certaines dispositions des statuts semblent, il est vrai aussi, supposer des habitudes morales qu'on ne s'attendrait pas à trouver dans ces âges de foi profonde. Mais en quel siècle, si religieux soit-il, la nature humaine fut-elle à l'abri de toute défaillance individuelle ? Puis la vigilance des législateurs qui dénonce certains crimes et y attache dans les textes des

---

(1) « De voluntate, assensu et ordinatione expressis lotius cleri predicti publicate fuerunt constitutiones que sequuntur. » Constitutions de 1401. *Vid. infra.*

pénalités déterminées ne suppose pas nécessairement que ces crimes ont lieu sous leurs yeux. Prévenir n'est pas réprimer.

Pour ce qui concerne en particulier les mœurs de notre clergé dacquois toute induction qui ne s'appuierait que sur le texte de nos constitutions nous semble pleine de périls. Il s'en faut que toutes les dispositions de nos statuts synodaux soient d'inspiration indigène ou répondent à des besoins locaux. Plusieurs d'entre elles reproduisent des canons de conciles généraux ou des constitutions pontificales dont aucun mot ne concerne particulièrement notre pays. On les a mises là parce qu'on devait les publier dans tous les diocèses de la catholicité. Mais celui qui prétendrait juger des mœurs du clergé dacquois du XIIIe siècle d'après certains articles de nos constitutions s'exposerait à la même erreur que celui qui relisant dans 500 ans d'ici le mandement épiscopal récemment publié en notre diocèse (1) sur les censures ecclésiastiques en tirerait la conclusion qu'à la fin du XIXe siècle le clergé landais possédait encore des biens ecclésiastiques ou extorquait des ordinations par surprise (2).

Tout ce que prouve l insertion de ces dispositions dans nos constitutions dacquoises c'est l'étroite union qui reliait dès lors les églises du monde à celle de Rome, c'est le merveilleux rayonnement que produisait la pensée pontificale, le retentissant écho qu'obtenait sa parole jusqu'aux confins les plus reculés de la France. Rien n'est plus instructif à cet égard que les constitutions provinciales d'Auch. Dans notre manuscrit toutes les dispositions qui ne sont pas d'origine rigoureusement indigène portent l'indication de la décrétale pontificale dont elles s'inspirent : chez nous-mêmes, quoique la source ne soit pas indiquée dans les textes, bon nombre des dispositions d'Arnaud de Ville, comme nous le montrerons, font écho aux plus importants canons du fameux IVe concile de Latran. Et voilà comment, outre les lumières qu'elles jettent sur notre histoire locale, les constitutions synodales de l'ancien diocèse de Dax éclairent parfois d'un jour nouveau certaines pages de l'histoire générale de l'Eglise. A ce titre elles supportent la comparaison avec les statuts synodaux auxquels Labbe, dom Martène et dom Montfaucon ont donné

---

(1) *Mandatum et instructio* queis publicatur Constitutio *Apostolicae sedis* novusque editur elenchus censurarum in Dioecesi Aturo-Aquensi reservatorum. Aturi, MCCCLXXVIII.

(2) Ces faits sont prévus p. 18, 27 et s.

l'hospitalité dans leur savantes publications. Nul doute que si elles avaient été connues elles eussent obtenu aussi leur part dans les pages si savantes et si sympathiques que les auteurs de l'*Histoire littéraire de France* ont consacrées à l'œuvre législative des anciens synodes diocésains (1).

Quelques mots, pour finir, sur la présente édition. Elle laisse de côté les constitutions provinciales d'Auch qui sont suffisamment connues soit par l'impression qui en a été faite (2), soit par les études (3) dont elles ont été l'objet.

Elle n'embrasse donc que les constitutions propres au seul diocèse de Dax.

Le texte adopté est celui que nous a conservé le manuscrit n° 1542 du fonds latin de la Bibliothèque Nationale, pour les constitutions de 1283, 1328 et 1345 ; nous indiquons soigneusement en note les variantes, additions ou lacunes du texte imprimé.

Pour les constitutions de 1351, 1360 et 1401 nous avons dû nous contenter de reproduire le texte imprimé. Mais imprimé ou manuscrit, le texte a été scrupuleusement respecté dans sa teneur et sa graphie. Il n'y a été fait de modifications que pour corriger des erreurs évidentes de transcription. Il va sans dire aussi que nous avons dû pour les deux textes résoudre les abréviations et introduire à nos risques et périls notre ponctuation moderne. C'est le seul moyen de rendre intelligible un texte latin publié sans traduction.

Dans le commentaire dont nous l'accompagnons nous essaierons de fournir toutes les explications historiques ou autres dont l'utilité nous sera démontrée.

Puissions-nous à ce prix contribuer à ramener un peu l'attention du public lettré sur ces vénérables débris d'un passé qui nous est doublement cher puisque c'est celui de notre petite patrie landaise et de notre vieille église dacquoise.

---

(1) Notamment pour l'époque qui nous intéresse dans le T. XXI, p. 595-656.

(2) Outre l'édition de Arnaud Guillelm de Brocario on en connaît une autre que possède la Bibliothèque municipale de Bordeaux (n° 30345 du catalogue général).

(3) Par exemple dans la *Revue de Gascogne*, T. XIX.

CONSTITUTIONS SYNODALES DE 1283

Hic incipiunt constitutiones synodales Aquensis ecclesie edite per bone memorie dominum A[rnaldum] Aquensem episcopum.

Quoniam ea que scripture officio animis imprimuntur fortius et firmius observantur quam que solo capiuntur auditu, idcirco nos, A[rnaldus] (1) Dei gratia episcopus Aquensis, precepta synodalia, que nuper in synodo duximus promulganda ad edificationem ministrorum ecclesie et doctrinam, que propter temporis brevitatem non plene forte intelligi potuerunt, per presentem scripturam proposuimus iterare, ut et qui minus bene audierant, modo perfecte intelligant, et qui etiam perfecte intellexerant per opportune (2) copiam lectionis declinande oblivionis dispendium non incurrant (3).

Mandamus itaque et districte precipimus ut singuli presbysteri nostre Aquensis diocesis has nostras constitutiones usque ad festum dedicationis

---

(1) Arnaud de Ville fut évêque de Dax de 1278 à 1305. Ponr la justification de ces dates un peu différentes de celles que donne notre *Ordo* diocésain nous ne pouvons que renvoyer à notre prochaine étude sur les évêques de Dax, et à C. Eubel *Hierarchia catholica medii aevi*, 1898, p. 97.

(2) Le texte imprimé porte « *optime* ».

(3) Ce début est rédigé dans le rythme prosaïque ou *Cursus* dont M. Noël Valois a indiqué les règles dans la *Bibliotheque de l'Ecole des Chartes* T. XXII, p. 161, 257. Cfr. L. Couture. *Bulletin de l'Institut Catholique de Toulouse*, 1891, p. 225-234.

beati Michaelis conscribi faciant et eas diligenter addiscant et in singulis synodis eas secum deferant, ut cum super premissis in aliquo fuerint requisiti (1), recte valeant respondere. Alioquin si super hoc fuerint negligentes, graviter se noverint puniendos.

Actum apud Aquis (2) die Jovis post dominicam qua cantantur (3) *Quasi modo*. Anno Domini M° CC° LXXXIII°.

DE SACRAMENTIS ECCLESIASTICIS (4)

In virtute Domini nostri Jhesu Christi districte precipimus sacerdotibus et clericis universis quatinus cum honore, cum reverentia et devotione debita singula ecclesiastica sacramenta utpote Baptismum, Eucharistiam, Penitentiam etc. populo exhibeant et, ut reverenter a subditis devote suscipiantur, ab hiis sepius in ecclesiis instruantur.

DE BAPTISMO

In Baptismo vero maxima adhibeatur discretio et cautela, maxima in forma verborum que talis est : « Petre, ego baptizo te, in nomine Patris, et Filii et Spiritus sancti. Amen. »

Et licet a solis sacerdotibus (5) infantes debeant baptizari, tamen cum mortis vel infirmitatis maxima necessitas ingruerit, alii clerici vel layci, nisi adsint presbyteri, et etiam pater vel mater, si alie persone defuerint, parvulo (6) exhibeant sacramentum ter mergentes (7) in aqua et non in alio liquore, dicentes premissam formam. Et si laycus nesciat latinum, sententiam predictorum verborum in suo vulgari dicat scilicet : *Pes, Iot*

---

(1) Ces interrogations ou examens sur les constitutions synodales étaient assez dans les usages du temps. Un contemporain d'Arnaud de Ville, Etienne Tempier évêque de Paris (+. 1279), dans un sermon prêché en synode avertit ses prêtres de se tenir prêts à répondre sur les prescriptions synodales. V. Lecoy de La Marche : *La Chaire Française au moyen âge*. 2ᵉ éd. p. 353.

(2) Dans les textes du moyen âge *Aquis* est un terme invariable à peu près comme *Parisius*. Cf. Archives municipales de Dax Livre rouge, fol. 4 v., fol. 7 v. Livre rouge fol. 98 v. et *Rôles Gascons*, nᵒˢ 4323, 4367, etc.

(3) T. impr. *cantatur*. En 1283 Pâques tomba le 18 avril ; le jeudi après *Quasimodo* correspondit donc au 29 avril.

(4) Ces titres existent dans le manuscrit et dans l'édition imprimée. Dans cette dernière ils sont suivis du mot *Rubrica*. Dans le manuscrit ils sont effectivement en rouge et moins nombreux.

(5) Le texte imprimé porte *presbyteris*.

(6) Texte impr. *parvulis*.

(7) Remarquer que dans le diocèse de Dax semble subsister encore à la fin du XIIIᵉ siècle l'usage du baptême par immersion alors que d'après les historiens ecclésiastiques presque partout dans l'Eglise latine l'infusion avait remplacé

baptizi el nom del Pair et dou Filh et dou Sant Esperit (1) *Amen,* proprium nomen nullatenus omittendo.

[Si (2) vero tanta copia aque haberi non potest, ut infans in ea totaliter mergi non possit, cum scutella vel cipho seu alio vase aliqua quantitas aque super infantem effundatur a baptizante, et effundendo dicat baptizans : « Ego te baptizo, in nomine Patris et Filii et Spiritus Sancti Amen » et erit infans baptizatus.

Si vero infanti pro baptismo ad presbyterum apportato non potest propter mortis periculum secure cathecismus (3) fieri, baptizet eum incontinenti, dimisso cathecismo, et inungat eum oleo benedicto et crismate sacro et alia faciat que fiunt post baptismum.

Prohibemus districte ne in patrinum aliquis admittatur qui aliqua sententia sit ligatus vel qui non est baptizatus. Districte autem precipimus et sub pena excommunicationis officii et beneficii mandamus ut quocumque tempore et quacumque hora diei vel noctis sacerdos pro baptismo vel penitentia fuerit requisitus, omni occasione et mora postpositis, ad conferendum ea exhibeat liberaliter se paratum.

Verumtamem si propriam capulam propter paupertatem vel aliam

---

l'immersion dès le XIIe siècle. Ainsi s'expliqueraient les vastes proportions de nos cuves baptismales qui remontent à cette époque, celle de Siest par exemple, dont on peut voir une bonne reproduction dans le *Bulletin de la Société de Borda : L'Aquitaine Historique et Monumentale* T. I, p 129-143 On verra cependant par l'addition ultérieure faite au téxte manuscrit que l'usage du baptême par infusion s'était introduit avant l'impression des statuts synodaux. Peut-être même ne faudrait-il pas prendre ici trop à la lettre le texte de nos statuts. Il se pourrait bien qu'il n'y eût là qu'une de ces formules stéréotypées que se passaient les rituels alors même qu'elles avaient cessé d'être appliquées. Ainsi même au XVIᵉ siecle les *statuta sinodalia diocesis Lemovicensis* (1519) réédités par A. Leroux, E. Molinier, A. Thomas (in *Documents historiques concernant la Marche et le Limousin*), p. 308, n'indiquent d'autre mode de baptême que l'immersion : « *Et fiat una vel tres immersiones* ». Encore aujourd'hui le Rituel romain suppose l'immersion toujours en usage, concurremment avec l'infusion.

(1) T. impr. : *en nom deu Pay et deu Filh et deu Sant-Esperit.*

(2) Tout ce passage depuis *si vero tanta copia* jusqu'à *cum vero contigerit puerum* n'existe pas dans le manuscrit.

(3) Le *Catechismus* était une instruction sur la doctrine chrétienne qu'en souvenir de la discipline de l'Eglise primitive les parrains ou les prêtres faisaient à tout enfant, même nouveau-né, qui était présenté aux fonts baptismaux. Après cela le candidat au baptême recevait son nom et était dit catéchumène. La même prescription se trouve en termes presque identiques dans les synodes du diocèse de Couserans publiés en 1280 par l'évêque Auger et desquels les nôtres semblent quelquefois s'inspirer. Cf D.D. Martène et Durand : *Thesaurus novus anecdotorum.* T. IV, col. 645.

quamcumque causam non habuerit vel habere nequiverit baptizandus, capula cum qua etiam alius fuit baptisatus, quam sacerdos pauperibus gratis exhibeat, baptizetur.

Si vero, muliere in partu laborante, infans extra ventrem matris tantum caput emiserit et in tanto periculo infans positus nasci nequiverit, effundat aliqua de obstetricibus super caput infantis aquam dicens : « Ego baptizo te in nomine Patris et Filii et Spiritus Sancti. Amen ». Postremo quum mulier frequenter contingit in puerperio decedere et partus in maternis visceribus adhuc creditur esse vivus ex quo pro certo mulierem esse mortuam constiterit, si partum credant (1) vivere, obstetrices aperiant mulierem per aliquam partem sui sine mora ut partus, si vivus fuerit, baptizetur et ut quilibet ad hoc se exhibeat promptiorem, quicumque aperiendo taliter mulierem partum procuraverit baptizare, in remissionem sibi proficiat peccatorum. Et hoc per ecclesias annis singulis publicetur. Si autem partum cum muliere mori contigerit sine apertione in cimiterio ecclesiastico tumuletur].

Cum vero contigerit puerum ab alio quam a sacerdote baptizari, deferatur presbytero ad crismandum qui prius diligenter inquirat quam ipsum crismate liniat, quid dictum vel factum fuerit et, si premissam formam invenerit observatam, ipsum crismet; alioquin sub premissa forma ipsum baptizet.

In ecclesiis, in quibus (2) de consuetudine baptizatur, fiant fontes lapidei et honesti. Et ad sortilegia vitanda claves fontium penes sacerdotes sint. Pro eadem causa crisma et oleum similiter sub clavibus observentur (3).

Ad levandum de fonte infantes duo patrini tantum, unus masculini, et alius feminini sexus admittantur qui doceant puerum aut doceri faciant tempore suo : *Pater noster* et *Credo in Deum* et hoc omnibus patrinis post baptismum a sacerdotibus injungatur.

---

(1) T. impr. *predictam*.

(2) On sait qu'à l'origine il n'y avait de baptistères que dans les églises épiscopales. Dans les campagnes, encore dans le haut moyen-âge, on n'en trouve guère que dans les principales églises. Aussi dans la ville de Bordeaux, trois églises seulement, même au XVIe siècle, avaient des fonts baptismaux V. Lopès, *L'Eglise metropolitaine et primatiate Sainct André de Bourdeaux* Ed. Callen, I, p. 306.

(3) Cette prescription se trouve déjà dans le XXe canon du Concile de Latran, tenu en 1215 par Innocent III. En quoi consistaient au juste ces superstitions contre lesquelles il est enjoint aux prêtres de bien clore les fonts baptismaux, nous l'ignorons.

Item propter vitanda pericula precipimus ne baptismus periculose differatur : et hoc frequenter a sacerdotibus predicetur Et ne parvuli a parentibus vel nutrice aliquatenus in lectis ponantur, sed diligenter in cunabulis collocentur.

Si probabiliter dubitetur de aliquo an fuerit baptizatus, baptizetur dicendo : « Petre, non te rebaptizo (1), sed si non es baptizatus, ego te baptizo, in nomine Patris et Filii et Spiritus Sancti. Amen. » Et hoc in vulgari exponatur ne credant layci bis posse baptizari ; nec capule apud parentes dimittantur, sed statim post triduum repetantur et nulla pro eis recompensatio admittatur nec ipse capule (2) per clericos ad profanum (3) usum nisi tantum ad ecclesie servicium deputentur.

Repositoria sacri crismatis, olei cathecuminorum et etiam infirmorum munda sint et singulis vasis nomem crismatis vel olei sit inscriptum.

Item statuimus ut sacerdotes compatres et commatres et patrinos et matrinas instruant quod ipsi inter se, vel ipsi, vel filii sui, vel filie non poterunt cum persona sacro fonte levata matrimonialiter copulari et hoc filiis suis vel filiabus sepissime protestentur.

Et licet hoc sacramentum a solis sacerdotibus debeat ministrari (4) et in ecclesia, tamen in necessitate omni loco omni hora et ab omni persona, dummodo intendat facere quod facit ecclesia, poterit ministrari.

DE CONFIRMATIONE

Cumque post baptismum quilibet teneatur confirmationis accipere sacramentum, ad confirmationem suscipiendam sepe presbyteri moneant populum suum et si adulti fuerint confirmandi, prius confiteantur peccata sua et postmodum confirmentur. Pueri vero qui loqui et intelligere (5) possunt ad confirmationem veniant, nec diu expectent adventum episcopi, sed festinanter accedant ubi prope ipsum audierint advenisse.

Si vero de aliquo an confirmatus fuerit dubitetur et nulla possit haberi

---

(1) C'est la formule prescrite par Alexandre III (c. an. 1175) et insérée dans les *Decret. Greg.* IX, Lib. III, Tit. XLII.

(2) Cette dernière prescription n'a pas été conservée dans le texte imprimé.

(3) T. imp. *proprium.*

(4) T. imp. *administrari.*

(5) Cet appel suppose qu'en notre pays existait encore l'usage, toujours en vigueur en Italie, de conférer la confirmation aux enfants dès qu'ils avaient atteint l'âge de raison.

super hoc certitudo, confirmetur, sicut superius dictum est de baptismo et dicant sepius laycis sacerdotes quod istud non negligant sacramentum, cum in susceptione ipsius gratia roboretur.

Si aliqui per negligentiam sacerdotum sine confirmatione decesserint, hoc requirat Dominus ab eisdem.

DE PENITENTIA

In confessionibus magnam adhibeant diligentiam sacerdotes.

Cum autem primo peccator ad sacerdotem advenerit, querat ab eo, si non est sibi notus, utrum sit parochianus ejus et, si dixerit quod non (1), querat ab eo utrum venerit de licentia proprii sacerdotis et, si dicat quod non, dicat ei sacerdos : « Frater, non debeo te audire, vade ad tuum sacerdotem. » Si autem parochianus ejus sit, vel habuerit licentiam episcopi sui vel proprii sacerdotis, querat primo ab ipso utrum aliqua excommunicationis vel interdicti sententia sit ligatus, et si dixerit quod sic, dicat ei : « Frater, non audiam te, nisi prius fueris absolutus » et si occulte fuerit excommunicatus, occulte dicat ei. Si autem publice noverit eum esse excommunicatum, publice sibi penitentiam denegabit, quia nullus excommunicatus vel interdictus debet recipi ad penitentiam, nisi prius faciat se absolvi. Si autem dixerit se non esse excommunicatum vel interdictum, debet eum postea interrogare presbyter utrum sciat *Pater noster qui es in celis, Credo in Deum* et *Ave Maria* ; et si nesciat, moneat eum ut addiscat.

Nec audiant duos vel plures simul, sed confessiones recipiant singulorum in communi loco ecclesie ut ab omnibus valeant intueri (2), usitata peccata diligenter inquirendo et nequaquam circumstantias peccatorum omittendo. Et nequaquam confitentes precipue mulieres intueantur faciem confessoris, nec confessor faciem mulieris, sed humili et submisso vultu

---

(1) Ces dispositions si différentes de ce qui se pratique aujourd'hui ne font guère que reproduire le XXIᵉ canon du IVᵉ concile de Latran. Mais en 1283 cette discipline était déjà fortement battue en brèche par le pouvoir d'entendre les confessions que dans sa Bulle *Ad fructus uberes* Martin IV venait de concéder, (10 janvier 1282) sous certaines conditions, aux religieux mendiants.

(2) Pour comprendre l'utilité de pareils conseils il ne faut pas perdre de vue qu'il n'y a rien au moyen-âge qui ressemble à nos confessionaux actuels. Ces derniers en France ne datent guère que du XVIᵉ siècle.

terram inspiciant et, ut omnia peccata integre confiteantur, in spiritu lenitatis hortentur, diligentius admonendo ne erubescant soli homini confiteri quod teste Deo committere presumpserunt pro quibus coram ipso et sanctis omnibus et etiam demonibus et malis hominibus damnabuntur si aliquid scienter voluerint occultare.

NOTA CASUS EPISCOPALES SED PERFECTIUS SUNT INFERIUS

Majora peccata episcopo vel ejus mandato specialiter (1) reserventur, ut sunt homicidia, sacrilegia, peccata contra naturam, incestus, ut est cum consanguineis vel monialibus, vel affinibus admisceri, stupra virginum, injectiones manuum in parentes, suffocationes parvulorum, perjuria, incendia et hujusmodi. Sunt etiam quedam in quibus nullus habet potestatem absolvendi, 'excepta necessitate extrema, nisi solus papa vel ejus legatus, ut est verberatio gravis (2) clericorum vel quorumcumque religiosorum dummodo pro clericis vel religiosis cognoscerentur dum verberati fuerunt. Itam incendiarii similiter post denunciationem de eis factam et qui ecclesias et cimiteria violenter invadunt et hujusmodi. Horum tamen criminum rei ad suum episcopum sunt mittendi ut ejus providentia eis salubrius consulatur.

In dubiis vero semper confessor episcopum consulat vel aliquos sapientes ; interroget etiam confitentem si de peccatis preteritis universaliter peniteat et utrum habeat propositum de cetero mortaliter non peccandi, sine quo non est ei penitentia injungenda, sed consilium dandum, scilicet ut faciat quicquid boni poterit interim ut Deus illustret ad penitentiam cor illius. Moneatur tamen sollicite ne desperet de Dei misericordia que etiam in extremis quam plurimos visitabit. Secundum quantitatem culpe et possibilitatem confitentis, quantitas penitentie debet esse, ne facilitas venie delinquendi provocet incentivum vel in desperationem mittat austeritas confessoris.

In rapina, furto, usura et fraudulentis emptionibus et venditionibus et aliis dolosis contractibus, et in hiis que ludo vel ab illis qui possessores vel detentores alienarum rerum sunt, non tamen infideliter acquiruntur,

---

(1) Ce mot n'est pas dans le texte impr.
(2) Celui-ci non plus.

confessor diligens existat, ut restitutionem faciendam precipiat confitenti, quoniam non remittitur peccatum, nisi restituatur ablatum si facultas adsit. Si vero per inopiam ad tempus excusetur, indicenda est tamen restitutio si et quando ad fortunam venerit pinguiorem. Injuriam passo, si appareat, vel ejus legitimo heredi est facienda restitutio. Alioquin juxta arbitrium superioris quod restituitur est in piis usibus convertendum.

Volumus etiam ut sacerdotes frequenter predicent quod accipere ultra sortem (1) de pignore usura est Et vendere bladum, vinum, carnes, pannos, vel quamcumque rem ad certum tempus carius ratione dilationis quam valeat tempore quo venditur usura est (2).

Ad confessiones faciendas sepius moneant subditos, nec requirant cum quibus personis peccatum fuerit commissum nominatim nec circumstantias periculosas. Dicant etiam sepius suis subditis capellani quod licet sepe confiteri sit eis saluberrimum ad minus tamen in anno semel est necessarium et preceptum.

Sub periculo officii et beneficii districte precipimus ne aliquis alicujus peccatum etiam metu mortis aliquo modo presumat contra statuta canonum revelare.

Qualiter se habeat sacerdos circa penitentiam infirmorum

Circa infirmos vero taliter est procedendum. Quia hiis non debet sacerdos penitentiam injungere, sed tantum innotescere sive declarare, dicendo sic cum ejus peccata audierit : « Si tu sanus esses, pro tot peccatis que commisisti et confessus es, deberes tot annis penitere (3), sed quia tu es infirmus, non impono tibi penitentiam sed injungo tibi quod si ex hac infirmitate mori te contigerit, facias tantum dari pauperibus aut piis locis loco predicte penitentie, vel facias missas celebrari, vel hoc vel aliud. Si tamen convalueris injungo tibi talem penitentiam. » Et hiis dictis imponat manum super caput ejus et absolvat eum a peccatis, facta tantum generali confessione per infirmum scilicet :

---

(1) *Sortem*. capital. C'est là la doctrine de tout le moyen-âge et même de tous les Pères de l'Eglise comme on peut le voir dans M. Funck : *Geschichte des kirchlichen Zinsverbotes.*

(2) Cette prescription s'inspire des Décrétales de Grégoire IX. L. v, T. xix.

(3) *Penitere* a ici le sens de « faire pénitence».

Confiteor Deo. etc. quam dicat presbyter tenendo manum super caput infirmi : *Indulgentiam et remissionem omnium peccatorum tuorum tribuat tibi omnipotens et misericors Deus* (1) *et ego auctoritate Domini nostri Jhesus Christi et beatorum apostolorum Petri et Pauli et domini episcopi et officii michi commissi ab hiis peccatis que michi confessus es et aliis oblitis et venialibus te absolvo.* »

Si vero infirmus petierit sacerdotem pro penitentia sibi danda, vel aliqua signa alia (2) penitentie fecerit, et interim, dum sacerdos veniret, obmutuit infirmus vel factus est amens vel freneticus, sacerdos veniens sive ad mutum infirmi, sive ad testimonium eorum qui audierint ipsum petentem penitentiam vel presbiterum vel alia signa penitentie facientem debet ei quicquid humilitatis et consolationis poterit impendere absolvendo ipsum et reconciliando, orationes dicendo et crucis osculum, si presens est crux, ei dando.

QUALITER AUTEM ABSOLVI DEBEAT INFIRMUS VEL IN MORTIS ARTICULO
CONSTITUTUS PER SUUM SACERDOTEM, VEL ALIUM, SI PROPRIUS
NON POTEST HABERI, IN QUIBUS QUIS TENETUR AD
RESTITUTIONEM FACIENDAM ET IN QUIBUS NON

Sane considerandum est diligenter quod quedam sunt peccata de quibus nullus potest penitere nisi restituat, vel emendet, si potestatem habeat emendandi, videlicet rapina, furtum sacrilegium, incendium, usura et indebita extortio tallie (3), queste (4) et maletoute (5). Item retentio quarti et quinti (6) contra voluntatem dominorum quibus debentur. Item dona data contra justiciam et generaliter cujuslibet rei aliena indebita detentio et hiis omnibus precipiendum est penitenti quod incontinenti satisfaciat juxta posse. Et si peccata occulta fuerint, occulte

---

(1) *Dominus* dans le texte imp.

(2) Le mot « *alia* » n'est pas dans le t. imp.

(3) A cette époque la taille était généralement la redevance payée par le tenancier ou le vassal au maître ou au suzerain.

(4) La *questa* dans notre pays était une redevance légère que le seigneur imposait aux communes en leur accordant le droit de perprise, ou de clôture de leurs biens communaux.

(5) *Maltôte* ou impôt non dû.

(6) C'étaient là encore des redevances que les tenanciers payaient à leurs maîtres et qui consistaient dans le quart ou dans le cinquième des céréales ou des vins.

precipiendum est confitenti (1) et tali occulto restitutio debet fieri per sacerdotem ipsum vel per aliquam religiosam personam suppresso nomine penitentis.

Si autem penitens non haberet rem quam deberet restituere nec mobilia nec immobilia unde commode incontinenti satisfacere posset, vel, licet habeat, non tamen est presens nec potest esse ille cui est restitutio facienda et apparet vere penitens et contritus et proponat satisfacere cum poterit, ei penitentia injungatur, et si talis fuerit infirmus, precipiat suis heredibus quod de illis satisfaciant pro eodem. Si de illa infirmitate contigerit illum mori, omnibus vere penitentibus sanis vel infirmis qui tenentur aliis satisfactionem facere seu emendam est sollicite intimandum, quia non excusantur nec liberantur ab illo peccato precipiendo suis heredibus quod restitutionem pro ipsis faciant vel emendam, nisi principales ipsi raptores usurarii, fures seu alienarum rerum illiciti detentores vel in toto vel in parte restitutionem faciant in continenti vel emendam si facere eam possunt commode, sicut superius continetur. Tenetur enim raptor seu aliene rei detentor ad restitutionem ; tenentur etiam heredes quantum hereditas ipsius sufficere potest, si ad restitutionem fuerit tota hereditas necessaria. Tenentur etiam illi ad restitutionem qui scienter rem raptam vel alienam emerunt cum mala fide, si animo detinendi sibi et non voluntate nec proposito restituendi eam domino suo, nec taliter ementes possunt recuperare seu retinere expensas, si quas fecerint ipsam rem custodiendo vel meliorando propter malam fidem quam habuerunt emendo et debet restitui res aliena seu rapta non deteriorata. Sed si deteriorata fuerit, vel casu fortuito periit, vel restitui non potest, restituatur integre quantum valebat cum omni utilitate quam consecuti sunt ex ipsa re cum mala fide, ut dictum est, pervenerit ad eosdem. Sed facta restitutione integraliter ab uno ceteri liberantur quantum ad restitutionem domino faciendam. Sec nichilominus debent accipere penitentiam juxta arbitrium sacerdotis, quia rem alienam fraudulenter et invito domino tenuerunt. Alii tamen tenentur illi qui solvit (2) satisfacere juxta partes quas receperunt. Facienda autem est restitutio domino rei vel ejus heredibus, si potuerint inveniri. Sed si

---

(1) Dans le t. imp. *penitenti*.
(2) Dans le text. imp. il y a « *qui satisfecerit* ».

diligenter inquisiti et expectati non inveniuntur vel ignorantur, tunc ei cum consilio sacerdotis penitentialis res illa distribuatur in pias causas et maxime in pauperum sustentationem pro anima illius cujus fuit res ista.

Verum si persona scitur cui est solutio vel restitutio facienda, si tamen est in remotis partibus, nec speratur quando debeat redire, mittatur ei, si commode et secure fieri poterit ; alioquin pro anima ejus cum consilio ecclesie pauperibus erogetur. Et hoc fiat si res ita modica est, que restitui debet, quod sumptus itineris rei summam excedant. Sed si res magni valoris fuerit, debet mitti in expensis detentoris ad alium absentem cui est restitutio facienda. Quod intelligendum est quando detentor usurarius se transfert alibi quam ubi exercuit usuras ; alias, si is a quo extorte sunt, seu heres ejus, alibi se transtulerit, debent mitti ad expensas illius a quo extorte fuerint. Qui vero invenerit pecuniam vel aliam rem in via vel alibi debet illam reddere illi qui eam perdiderit, si eum poterit invenire ; et si nescitur cujus fuerit, publicetur per sacerdotes in ecclesiis et in locis in quibus est inventa. Et si diu expectatus non invenitur cujus fuerit, cum consilio ecclesie pauperibus pro anima illius cujus fuerit erogetur.

Si autem aliquis volontarius et causa cupiditatis in ludo lucratus fuerit, quod restituat sibi (1) est in penitentiali judicio injungendum.

ISTI SUNT CASUS EPISCOPALES IN QUIBUS AD EPISCOPUM SUNT MITTENDI

Si quis confitetur se credere hereticam pravitatem.

Item simoniacus quocumque modo commiserit symoniam.

Item clerici qui excommunicati majori excommunicatione vel interdicti aut suspensi ante absolutionem divina officia celebrarunt missam principaliter, cantando evangelium, epistolam et alias horas canonicas dicendo et faciendo officium suum principaliter in ecclesia.

Item clerici per saltum promoti, aliquo ordine pretermisso.

Item clerici qui ab alieno episcopo se fecerint ordinari non obtenta licentia nostra.

Item incendiarii.

Item illi qui filios et filias (2) suas occiderunt studiose et etiam negligenter.

---

(1) *Sibi* est ici pour *illi* comme cela a lieu souvent dans les textes du moyen-âge.
(2) Le texte imp. ne porte que *filias.*

Item illi qui tractaverunt in malos usus eucharistiam sive crisma.

Item illi qui verbo, facto, consensu vel alio modo homicidium perpetraverunt.

Item sacrilegi vel violatores ecclesiarum.

Item qui luxuriam commisserunt cum matre, sorore, vel aliqua consanguinea sua, vel uxore fratris et sanctimoniali, sacrata vel non sacrata.

Item qui in ecclesia luxuriam commisserunt.

Item illi qui cum Judea, vel Sarracena, vel bruto animali ausu nephario presumpserunt.

Item mulier que de adulterio concepit infantem, quem maritus ejus suum credit esse, propter quod legitimi filii fraudantur hereditate paterna.

Item illi qui mulieribus aliquid faciunt propter quod pariunt abortivum. Mulier etiam si hoc fecerit vel sibi fieri procuraverit transmittatur.

Item illi qui contra aliquos falsum testimonium tulerunt in aliquibus causis.

Item qui, contractis sponsalibus cum aliquibus, prestito juramento et non dissolutis, postmodum contrahunt cum aliis sponsalia vel matrimonia contra juramentum prius prestitum temere veniendo.

Item illi qui excommunicati vel interdicti nominatim a quocumque judice ingerunt se divinis in ecclesia ante absolutionem invito proprio sacerdote, nec ad monitionem sacerdotes volunt exire de ecclesia, divinum officium perturbantes.

Item qui scienter excommunicatorum corpora in cimiterio ecclesiastico presumunt sepelire.

Si vero predicti confitentes ad mandatum et monitionem sacerdotis ad nos venire noluerint in suis peccatis et duricia permanentes (1) et peccata occulta fuerint, eis a sacerdotibus penitentia injungatur et nichilominus ipsi sacerdotes postmodum, cum poterunt, commode a nobis vel a fratribus predicatoribus (2) vel minoribus (3) super hoc habeant consilium et requirant.

---

(1) Dans le text. imp. il y a « *perdurantes seu permanentes* ».

(2) Dans le diocèse de Dax les Frères Prêcheurs s'étaient établis à Orthez en 1250. Mais déjà ils avaient fondé dans le voisinage leur couvent de Bayonne en 1230, et celui de Saint-Sever en 1280. Cf. C. Douais : *Les Frères Prêcheur en Gascogne au XIII⁰ et au XIV⁰ siècle,* p. 255, 293, 332.

(3) Les Frères Mineurs étaient déjà établis à Dax en 1226. La bienveillance qui

Si autem manifestum fuerit aliquem commisisse peccatum aliquod de predictis peccatis ad nos mittatur, nec ei ab aliquo presbytero de peccato manifesto penitentia injungatur sine nostra licentia speciali, nisi corporali fuerit impedimento detentus seu in mortis articulo constitutus.

DE SACRAMENTO EUCHARISTIE

Quoniam specialis reverentia circa sacramentum altaris est adhibenda volumus ut in quolibet altari quo celebrantur divina sint ad minus tria linteamina et a presbiteris vel diaconibus, cum necesse fuerit, abluantur et aqua in piscina ejiciatur. Calices mundi sint et honesti et integri et semper argentei ; tersoria (1) quibus presbyteri post communionem manus mundant sint candida et honesta, ampulle ad opus vini et aque sint munde et integre et piscine honeste juxta altare.

Indumento vero sacerdotum vel aliorum ministrorum abluantur sepius et decenter parentur, et si inhonesta fuerint aut turpia, in eis nullatenus ministretur.

Sed ne filii sacerdotum ibidem ministrent patribus prohibemus. Caveant sacerdotes ne stolam vel manipulum vel amictum dimittant sed omnibus indumentis induti reverenter ad altare accedant, auditis prius matutinis canonicis atque prima. Quilibet sacerdos horas canonicas in ecclesia (2) audiat nisi legitimo sit impedimento detentus.

Cum vero omnia que dicuntur in missa cum devotione et intentione debita sint dicenda, tunc maxime cum venitur ad verba quorum virtute conficitur sacramentum, scilicet : *Hoc est enim corpus meum* etc. *hic est calix* etc. Precipitur ut antequam sacrosancta verba in quibus virtus sacramenti consistit scilicet : *Hoc est enim corpus meum* completa fuerint

---

est témoignée ici aux Frères Prêcheurs et aux Frères Mineurs est à signaler ; ils étaient loin à cette époque d'en trouver autant,auprès d'autres évêques de France comme on peut le voir dans l'histoire des synodes et conciles de la fin du XIII⁰ siècle. Cf. Labbe. *Concil.* T. XI, 1317, 1318, 1143, et l'*Histoire littéraire de la France*, T. XXI, p. 641, 652 et s.

(1) Cette disposition se retrouve dans divers décrets de conciles de cette époque. V. Labbe. *Concil.* XI. p. 2008, etc.

(2) Cet usage tendait sans doute à disparaître car vingt ans plus tard les Constitutions de la province d'Auch se contentent de dire : « Et quam frequentius poterunt ad eas (horas) dicendas ad ecclesias conveniant horis et temporibus constitutis. » *Const. provinciales. prov. Auxitane.* f. VI, r. Concile de Nogaro, 1300.

et finita non ita elevetur hostia ut a populo videatur, ne forte panis purus a populo adoretur.

Post sumptionem vero eucharistie faciant sacerdotes in calice ablutionem super digitos bis cum vino ; quo sumpto, abluant digitos super calicem cum aqua quam fundant in piscinam. Nec presumat aliquis manus vel os abluere in calice. Sed faciat, ut est dictum.

Et quia indigne sumentes eucharistiam judicium sibi manducant et bibunt, caveant sacerdotes ne peccatoribus eucharistiam administrent sed tantum illis de quibus constiterit quod peccata sua sint confessi.

Campana vero specialis habeatur que in elevatione corporis Christi pulsetur vel ipsa campana ecclesie. Et campanula cum lucerna et aqua benedicta ante sacerdotem a clerico quando vadit ad infirmos cum corpore Christi portetur. In pulchriori parte vel desuper vel alio loco honesto quanto magis honestius fieri poterit et sub clave propter maleficia sacrum corpus Domini reservetur, non tamen ultra octavum diem, et semper lucerna de nocte ad minus ardeat coram ipso.

Et notandum quod istud sacramentum nullo casu contingente administrari debet nisi a solo sacerdote. Sed si magna necessitas ingruerit absente sacerdote vel alias impedito, diachonus consacratam hostiam poterit ministrare.

Calices autem vel vasa (1) unde infirmi communicantur et decorentur et mundificentur devotius communicent infirmi. In eundo ad infirmum cantent VII psalmos pro infirmo et si via prolixior fuerit, addant XV psalmos. Campanula vero tunc non pulsetur, nisi quamdiu ibi fuerit eucharistia. Admoneantur layci ut ubicumque deferri viderint corpus Christi statim genua flectant et junctis manibus quousque transierit adorent. Unde versus (2) :

genuflexo genti, genibus flexis omnipotenti

DE EXTREMA UNCTIONE

Volumus quod presbyteri subditos suos utriusque sexus a. XIIII annis et ultra ad sacramentum extreme unctionis recipiendum frequenter

---

(1) On a voulu voir dans ce texte la preuve que l'usage de la communion sous les deux espèces existait encore dans notre pays. Ce sens ne paraît pas du tout résulter du contexte.

(2) En fait de vers il n'y a ici que la rime.

moneant et invitent. Et cum periculum mortis sive gravis infirmitas evenerit, cum honore et reverentia debitis infirmos inungant oleo infirmorum solennitatem debitam et solitam adhibentes. Et licet istud sacramentum valeat iterari, non tamen in eadem infirmitate, nisi infirmitas esset valde longa.

De crismate etiam et oleo statuimus quod quolibet anno archipresbyteri nûncios idoneos mittant, ut omnes capellani in eorum archipresbyteratibus constituti in sabbato pasche crisma novum et oleum habeant annuatim. Vetus vero crisma et oleum in Pascha comburatur vel in rivo aliquo bene currente projiciatur.

De matrimoniis et sponsalibus

Sequitur de matrimoniis, sed primo de sponsalibus, de quibus precipimus ut non fiant nisi in presentia proprii sacerdotis et aliorum bonorum virorum. Quod qui fecerit vel interfuerit per episcopum puniatur districte. Item ne celebrentur sponsalia ad minus habeant septem annos et contrahentes dicere debent : « Ego talis ducam vel accipiam talem uxorem si ecclesia approbaverit » nec dicatur (1) : « Ego duco vel accipio » vix enim intelligunt simplices virtutem verborum et differenciam futuri ad presens tempus.

Consideretur de sponsalibus et matrimoniis etas ; quod scilicet vir in matrimonio habeat saltem XIIII annos, Mulier vero XII. Cognatio, ne sint parentes ; affinitas ne vir cognaverit aliquam de consanguinitate mulieris nec mulier sit cognita ab aliquo consanguineorum viri.

Consideretur etiam ordo ne vir ad sacros ordines sit promotus, et ne scilicet votum fecerit publicum vel solemne de continentia servanda, vel religione intranda.

Vis etiam consideranda est quum spontanea debent esse matrimonia.

Dispar cultus est etiam attendendus scilicet ne alter sit fidelis, alter infidelis, videlicet judeus, hereticus vel pàganus.

---

(1) Ces prescriptions minutieuses et celles qui suivent avaient pour but d'empêcher les mariages clandestins et de prévenir des malentendus dont se prévalaient parfois les époux qui voulaient plus tard faire rompre leur union ; de la quantité de procès dont les tribunaux ecclésiastiques étaient encombrés. Cf. Lecoy de la Marche : *La chaire chrétienne au moyen-âge.* 2e éd. p. 431.

Nullus religiosus alterum conjugum ad religionem accipere audeat absque nostra licentia speciali, nec excommunicatos a nobis vel officiali nostro vel judicibus delegatis sive subdelegatis quibuscumque in fratres recipiat absolutos etiam in morte, nisi cum sui licentia sacerdotis.

Nec aliquis ecclesiam officiare, nec alicui sacramenta vel sacramentalia ministrare presumat sine nostra licentia speciali, alioquin excommunicetur.

Quia vero clandestina matrimonia in ecclesia Dei diversa scandala frequenter et non modicam confusionem inducunt, sicut olim fuerunt in lateranensi (1) concilio districte prohibita (2), et prohibemus, universis capellanis precipientes districte quod personas omnes taliter copulatas et omnes alias de quibus fama est quod illicite sunt conjuncte, coram nobis venire faciant justicie perituras, easque si venire contempserint ex hac nostra auctoritate excommunicatas denunciantes eas in omnibus evitantes.

Nomina vero talium personarum quilibet sacerdos de sua parrochia in scriptis nobis infra festum sancti Michaelis non differat presentare.

Quando vero inter aliquos in faciem ecclesie debet matrimonium celebrari, tribus diebus dominicis, aut festivis ad minus semel aliqua die festiva, populo presente, quando brevitas temporis ad id compellit predicentur publice in ecclesia, quod tales persone debent matrimonialiter copulari, et, si quis sciat impedimentum quare non debeant contrahere, exeat et dicat in publico ; sin autem, de cetero nullatenus audiretur. Ad hoc districtione quanto possumus prohibemus ne aliquis sacerdos beneficiatus vel non beneficiatus inter aliquos presumat matrimonium celebrare nisi cum sui licentia capellani.

Item ne aliquis capellanus permittat in ecclesia sibi commissa clandestinum matrimonium celebrari et maxime inter personas alterius diocesis, nec sub dissimulatione fraudulenta procuret, aut permittat tradi claves ecclesie sue et altaris ornamenta notis presbyteris vel ignotis volentibus hujusmodi clandestina matrimonia celebrare. Alioquin omnes beneficiatos qui contra inhibitionem predictam aliquid fecerint vel dolum commisserint, per duos annos (3) continuos ab officiis et beneficiis, non beneficiatos ab officiis duximus suspendendos.

----

(1) Il s'agit encore ici du ive concile de Latran. La disposition relative aux mariages clandestins et quelques autres ici rapportées font l'objet du 51e canon.

(2) Dans le text. imp. il y a : « et nos quanta districtione possumus prohibemus ».

(3) La suspense est de trois ans dans le canon 51 du concile de Latran.

De sponsalibus et matrimoniis

Matrimonium cum magna reverentia in faciem ecclesie celebretur, non cum risu vel jocose ne contemnatur.

Et matrimonium non celebretur nisi institutis temporibus et premissis tribus edictis in tribus festivis diebus, in quibus perquiratur sub excommunicatione a populo de legitimatione sponsi et sponse. Quod si legitimi inveniantur conjungatur sine alia licentia vel expectatione.

Moneant volentes contrahere matrimonium ut non arctent se ad tempora non apta nuptiis in tantum quod non possint edicta precurrere tribus diebus dominicis aut festivis. Propter pericula que contingunt multiplicia, prohibemus ne principales persone que contrahere debent aliquam faciant promissionem vel fidem dent, vel juramentum interponatur de contrahendo matrimonio sine sacerdote. Et sacerdos qui presens fuerit caveat et prohibeat ne ibi consensus vel verba super matrimonio interveniant nisi de futuro (1), donec banna facta fuerint et venerint ante portam ecclesie ad matrimonium perficiendum (2). Quod si fecerint, et ipsi contrahentes et omnes astantes puniantur ; presbyteri vero, si aliter fecerint, ab officio suspendantur.

Item precipimus sacerdotibus ut laycis vulgariter exponant quid sint sponsalia per verba de futuro et quid matrimonium per verba de presenti : Si dicatur *accipiam te in uxorem vel in virum* sponsalia sunt et non matrimonium, nisi carnali copula subsecuta. Sed si dicatur *accipio te* matrimonium est. Et recepturi benedictionem nuptialem primo confiteantur peccata sua, tam sponsus quam sponsa. Omnes vero matrimonii dubie questiones semper ad episcopum vel ejus vicarium referantur. Quia vero de singulis impedimentis matrimonii prolixum esset discutere, mandamus ut circa impedimenta personarum et contractuum capellani sint vigiles et attenti. Prohibemus autem ne aliquis sacerdos ignotas personas de remotis partibus venientes matrimonialiter copulare presumat,

---

(1) Nous ne pouvons que renvoyer à l'étude de M. Paul Fournier sur les *Origines du Décret de Gratien* (Revue d'histoire et de littérature religieuses, T. III, p. 111 et s.) ceux qui seraient curieux de savoir à quelles préoccupations des théologiens d'alors répondent ces prescriptions si détaillées.

(2) La bénédiction nuptiale était donnée aux époux sous le porche de l'église. « Tous les rituels sont unanimes à placer à l'entrée de l'église ou sous le porche l'acte principal du mariage », dit Léon Gautier : *La Chevalerie*, 1884, p. 424. Cf. D. Martène : *De antiquis Ecclesia ritibus* II, col. 356 et s. et A. Breuils : *Saint Austinde et la Gascogne au XI° siècle*, p. 172.

sive ambe ignote fuerint, sive altera istarum, nec etiam hujusmodi matrimonium in ecclesia denunciet nisi de nostra licentia speciali.

Item prohibemus ne aliquis parochialis sacerdos recipiat ad matrimonium contrahendum parochianum vel parochianam alterius, ignorante proprio sacerdote. Si vero sponsus et sponsa de diversis parochiis fuerint, matrimonium poterunt contrahere et benedictionem nuptialem recipere in quacumque ecclesia voluerint, proviso quod litteras vel nuncios certos suorum presbyterorum habeant et ostendant continentes quod in ecclesiis quarum fuerint parochiani matrimonium denunciatum fuerit contrahendum.

Et quamvis ipsi presbyteri nullum sciverunt vel audiverunt impedimentum quominus legitime possit inter eos matrimonium celebrari, licet autem parochianus alicujus ecclesie eximatur a jure parochiali prime ecclesie per translationem domicilii in alia parochia, nichilominis tamen fiat denunciato matrimonii contrahendi in illa ecclesia in cujus parochia volentes contrahere matrimonium longam fecerint moram et etiam in ecclesia illa in qua suum transtulerunt domicilium et morantur, maxime si de novo se transtulerint in parochiam alienam.

DE SACRAMENTIS ORDINUM

Quoniam multa pericula circa susceptionem ordinum versantur, statuimus prohibentes ne quis presumat inconfessus suscipere sacros ordines, vel sine dispensatione superioris, si sit in majoribus criminibus vel alicujus irregularitatis impedimentis irretitus. Mandamus etiam ne per saltum, vel furtive, vel symoniace, nec ab alio episcopo sine propria licentia episcopi, nec excommunicati, nec illegitimi ut sunt filii presbyterorum, vel alii spurii sine dispensationis officio ordinentur.

Item precipimus ne venientes ad ordines se nobis tempestive presentent ita quod die veneris possint examinari et in sabbato concedente Domino ordinari. Volumus et mandamus ne aliquis sacerdos exigat quidquam pro administratione alicujus sacramenti quousque ex toto fuerit ministratum et tunc secundum consuetudinem ecclesie sue honeste petere poterit secundum quod viderit expedire et a suis invenerit predecessoribus observatum.

DE SEPULTURIS

Ne autem lites oriantur ex litibus, sciendum est quod si parochianus alicujus ecclesie transfert domicilium in aliam parochiam, erit statim parochianus illius ecclesie ad quam transfert suum domicilium et illi ecclesie subjectus erit quoad jus parochie, videlicet in divinis officiis audiendis, oblationibus, penitentiis recipiendis, sepulturis, mortuariis (1) et in recipiendis ibidem ecclesiasticis sacramentis. In hiis omnibus subtrahitur et eximitur in continenti per translationem domicilii a jurisdictione illius ecclesie in cujus parochia ante translatum domicilium morabatur. Verum quia nullus debet jurisdictionem alterius usurpare, prohibemus districte ne aliquis parochianos alterius recipiat ad ecclesiastica sacramenta nisi ad baptismum et penitentiam, necessitatis articulo imminente vel nisi de licentia proprii sacerdotis. Prohibemus etiam specialiter ne aliquis parochianum alterius in suo cimiterio sepelire presumat, nisi ibi elegerit sepulturam, et tunc canonica portio (2) reddatur illi ecclesie, a qua corpus fuerit assumptum. Quod si absque electione alterius ecclesie parochianum ceperit, corpus sepulti et omnia que ipsius occasione perceperat ecclesie parochiali reddantur, nisi peregrinus fuerit vel viator de remotis partibus, qui ubicumque decesserit, nisi alibi sepulturam elegerit, possit licite sepeliri.

Si vero parochianus alicujus ecclesie sive in sanitate, sive in infirmitate ad aliam vicinam ecclesiam ierit seu transierit animo non mutandi domicilium et ibi aliquo casu sine electione sepulture mortuus fuerit, sepeliendus ad suam parochiam deportetur, vel sepeliatur in illa parochia in qua est mortuus si parentes ejus vel consanguinei et sua parochia hoc duxerit concedendum, nec illa in cujus parochia mortuus fuerit potest canonicam petere portionem ab ecclesia parochiali defuncti de hiis que occasione legati vel sepulture pervenerint ad eamdem.

Mulier autem constante matrimonio et mortuo viro suo eligere potest ubicumque voluerit sepulturam. Si vero sine electione sepulture decesserit,

---

(1) Le *mortuarium* était un droit qui était payé à l'église ou au curé à l'occasion de tout décès. Il devait servir de compensation pour les fraudes ou négligences dont le défunt avait pu pendant sa vie, se rendre coupable dans l'acquittement des diverses redevances auxquelles il était soumis.

(2) Cette *portio canonica* variait un peu avec les églises et une décrétale de Clément III (c. an. 1190) ordonnait de s'en tenir aux usages de chaque église. Mais de plus en plus elle tendit à se rapprocher du quart des obligations et des legs (V. *Decret. Gregor*. IX, L. III, Tit XXVIII, CVIII, IX, X.) C'est au quart que l'avait fixée pour notre diocèse l'archevêque d'Auch Amanieu de Grésinhac quand vers 1230 il fut pris pour arbitre à propos des sépultures faites à Divielle par l'évêque de Dax, Gratien d'Amou et l'abbé de ce monastère, Nicolas de Labatut.

sepeliatur in cimitero ecclesie parochialis et in sepultura viri sui, si prius mortuus fuerit et in eadem parochia sit sepultus (1).

QUIBUS DENEGATUR SEPULTURA ECCLESIASTICA

Sunt autem quidam qui non debent in sepultura ecclesiastica sepeliri, videlicet omnes heretici et excommunicati majori excommunicatione et interdicti.

Item illi qui in torneamentis moriuntur.

Item usurarii.

Item predones manifesti.

Item omnes quos manifeste constiterit in mortali peccato decessisse.

Item illi qui seipsos suspenderunt vel se pricipitaverunt, vel gladio se interfecerunt. Hec autem intelligenda sunt et servanda nisi in morte apparuerint manifesta signa penitentie, videlicet quod petierit presbyterum vel penitentiam vel alia signa penitentie si amiserit jam loquelam.

Et si talis esset excommunicatus vel interdictus et morte preventus non potuit absolutionis beneficium obtinere, potest et debet absolvi post mortem sed ab illo prelato vel judice absolvatur per quem dum viveret fuerat absolvendus.

Verumtamen licet signa penitentie precesserint si non fuerit in infirmitate vel in mortis articulo constitutus ab aliquo absolutus, non debet ante absolutionem in cimiterio ecclesiastico sepeliri, sed juxta cimiterium poni poterit in aliquo ligneo monumento vel in terra sepeliri non sacra.

Si vero corpus alicujus excommunicati in cimiterio ecclesiastico aliquo casu contigerit sepeliri cum de hoc plene constiterit, in continenti extumuletur, si ossa excommunicati discerni possunt ab ossibus fidelium defunctorum. Et quousque cimiterium reconciliatum fuerit per aspersionem aque per episcopum solemniter benedicte, non sepeliantur in eo corpora defunctorum.

Prohibemus autem districte laycos intra ecclesiam sepeliri sine nostra licentia speciali (2).

---

(1) Ces dispositions minutieuses avaient leur raison d'être dans le courant qui entraînait alors les grandes familles du diocèse à établir leur sépulture dans les abbayes de Sorde et de Divielle. Elles s'inspirent d'ailleurs des dispositions du droit général telles qu'elles sont formulées au titre XXVIII *de sepulturis*. Décret. Grég. IX. Lib. III.

(2) Cette prohibition ne se trouve pas dans le texte imp.

DE SENTENTIA EXCOMMUNICATIONIS

Volumus et concedimus ut cum a nobis (1) aliqua ecclesia nostre diocesis ob culpam rectoris vel prioris ejusdem fuerit supposita ecclesiastico interdicto, conferantur ibidem nichilominus omnibus parochianis ejusdem loci omnia ecclesiastica sacramenta preter missas et alias horas canonicas quas prohibemus in ipsa ecclesia quamdiu interdicta fuerit celebrari, et si tunc aliquem parochianorum ejusdem ecclesie mori contigerit sine campanarum pulsatione et cessantibus aliis solennitatibus que fiunt infra ecclesiam et postmodum in cimiterio tumuletur, et hoc ex gratia concedimus ut laycorum evitetur scandalum. Et in hoc casu parochiani ipsius ecclesie a nobis interdicte poterunt alibi audire divina officia si ad alias ecclesias accesserint, que non sunt supposite interdicto.

QUALITER ABSOLUTIO IN MORTIS ARTICULO FIAT

Ultimo videndum est qualiter et a quibus infirmi et excommunicati vel interdicti in mortis acticulo sint absolvendi. Et quidem ubi infirmus, vel aliquis alius in mortis articulo constitutus excommunicatus vel interdictus fuerit occulte vel manifeste propter manuum violentam injectionem in elericum factam vel propter violationem ecclesiarum, incendium, furtum, contumaciam, vel propter aliam causam, sive sit excommunicatus vel interdictus a papa, archiepiscopo, episcopo, judice delegato, sive a quocumque alio vel a jure absolvat eum sacerdos sive sit ejus parochianus, sive non, servando diligenter absolutionis formam que inferius continetur.

Si enim propter violationem ecclesiarum, incendium, furtum, rapinam decimas, primitias, legata debita, tallias, forefacta (2) vel propter dona aliqua contra justiciam illata, infirmus aut in mortis articulo constitutus sit excommunicatus occulte vel interdictus et occulte sibi petat a sacerdote absolutionem et penitentiam exhiberi, precipiat ei sacerdos antequam eum absolvat, quod si habet illam rem quam debet restituere, illam in continenti restituat, vel ejus precium si res illa haberi non possit; et restituatur per ipsum sacerdotem, suppresso nomine

---

(1) *A nobis* n'est pas dans le texte imp.
(2) Amendes.

penitentis, et si in toto non potest satisfacere, faciat juxta posse ; et precipiat suis heredibus. Quod si de illa infirmitate contigerit ipsum mori, ad cognitionem ipsius sacerdotis satisfaciant pro eodem et, recepto juramento ab ipso infirmo interdicto vel excommunicato quod stabit mandatis ecclesie, absolvat eum occulte sacerdos dicendo psalmum.

Forma absolutionis

Miserere mei Deus, *vel* Deus misereatur nostri, etc. Kyrie eleyson, Christe eleyson, Kyrie eleyson, Pater noster... Salvum fac servum tuum, Domine, Domine exaudi orationem meam. Et clamor. etc. Dominus vobiscum.

Oremus. Oratio

Deus cujus proprium est misereri semper et parcere, suscipe deprecationem nostram et famulum tuum quem excommunicationis cathena constringit, miseratio tue pietatis absolvat. Per Christum, etc.

Et postea dicat : Auctoritate qua fungor absolvo te ab omni vinculo excommunicationis qua ligatus eras pro tali facto et precipio tibi quod de cetero talia vel consimilia non committas.

Si autem propter gravem infirmitatem mortis periculum excommunicato immineat occasione restitutionis faciende et non potest differri absolutio sine periculo magno, si excommunicatus propositum restituendi habeat et voluntatem, recipiat statim sacerdos ab ipso excommunicato juramentum de stando mandatis ecclesie et absolvat eum, precipiendo sibi occulte in virtute prestiti juramenti quod quam cito commode poterit, satisfaciat juxta posse et precipiat suis heredibus quod satisfaciant pro eodem.

Si vero talis infirmus occulte interdictus vel excommunicatus tam pauper est quod non habeat unde in toto vel in parte satisfacere possit, recepto occulte ab ipso juramento de stando mandatis ecclesie, injungat ei sacerdos quod si convaluerit et ad pinguiorem fortunam pervenerit satisfaciat juxta posse, et absolvat eum juxta formam predictam.

Ceterum si manifestum fuerit aliquem infirmum excommunicatum esse vel interdictum propter rapinam decimarum, primitiarum debitarum, vel aliquarum aliarum rerum ad quarum restitutionem vel solutionem tenetur, restitutionem vel solutionem faciat in continenti juxta posse ; et si non potest facere in continenti quia forte non habet rem que debet restitui nec ejus precium, vel non est presens ille cui est restitutio facienda vel solutio, recipiat sacerdos firmam securitatem ab ipso infirmo per fidejussores sive per pignora, quod ipse seu heredes sui restitutionem faciant eandem, vel ad cognitionem episcopi vel ipsius sacerdotis et facta securitate recipiat nichilominus sacerdos juramentum publice ab ipso excommunicato vel interdicto quod stabit mandatis ecclesie vel judicis, si propter hoc a judice excommunicatus erat, et absolvat eum juxta formam predictam. Si autem talis infirmus manifeste excommunicatus vel interdictus tam pauper sit quod nec restitutionem sive in toto sive in parte possit facere, nec securitatem prestare, recepto juramento ab ipso de stando mandatis ecclesie vel judicis, si propter hoc excommunicatus erat, injungat ei in virtute prestiti juramenti quod si convaluerit et ad pinguiorem fortunam pervenerit, satisfaciat juxta posse de eo pro quo est excommunicatus et absolvat eum juxta formam predictam.

Si autem infirmus fuerit excommunicatus vel interdictus propter contumaciam videlicet excommunicatus a judice ex eo quia noluit stare juri vel in judicio comparere, recipiat cautiones ydoneas et etiam juramentum coram testibus ab ipso quod stabit mandatis ecclesie vel illius judicis qui eum excommunicavit ; quo recepto, absolvat eum juxta formam predictam, et precipiat quod si convaluerit compareat quam cito poterit coram illo judice facturus quod de jure fuerit faciendum.

Si vero propter verberationem clerici vel alicujus religiose persone infirmus excommunicatus fuerit, recipiat sacerdos simpliciter juramentum ab eo quod stabit mandatis ecclesie et quod absolvat eum precipiendo sibi quod si convaluerit accedat personaliter ad dominum papam vel ejus legatum, mandatum ipsius humiliter recepturus.

Si tamen talis excommunicatus senex sit vel cecus, vel femina, vel unum pedem tantum habens, aut puer infra XIIII annum constitutus, predicto juramento ab ipsis recepto et absolutione exhibita, precipiendum eis est quod si convaluerint ad suum episcopum accedant ejus mandatum humiliter recepturi.

Ne vero ipsum infirmum licet absolutum mori contingat, nulla prestita satisfactione clerico injuriam passo, vel ab eodem clerico de injuria non petita venia, precipiat sacerdos ei quod ipsi clerico si presens fuerit vel haberi commode poterit petat veniam de injuria quam sibi fecit et quod restituat eidem clerico expensas si quas propter hoc fecit et etiam damna, si qua propter injuriam hujusmodi passus est et estimationem injurie, et si non potest in continenti de expensis et damnis satisfacere et aliis damnis, seu haberi non potest clericus injuriam passus, precipiat infirmus suis heredibus quod de predictis satisfaciant pro eodem.

Si autem excommunicati in infirmitate absoluti juxta predictas formas et recuperata sanitate noluerint quod juraverint, mittantur ad nos cum litteris de absolutione obtenta et juramento prestito continentibus veritatem et ad faciendum quod juraverunt per censuram ecclesiasticam compellantur.

Verumtamen licet excommunicatus aliquis sanus vel infirmus de parendo mandatis ecclesie vel judicis prestiterit juramentum vel aliam cautionem non est tamen communicandum ei quousque fuerit absolutus.

DE FERIIS

Si quis diebus dominicis vel festivis operibus mundanis vacaverit, vel mercatum tenuerit ab ecclesiarum rectoribus canonice puniatur.

Item firmiter prohibemus ne confratres cujuslibet confratrie de causis ad episcopum seu ad alium pertinentibus se intromittere audeant aliqua ratione ne jurisdictionem ecclesiasticam sibi fraudulenter usurpent.

DE FERIIS

Conspirationes vel conjurationes laycorum, quibus interdum nomen confraternitates, imponunt omnino fieri (1) prohibemus. Unde statuimus quod nulla fiat confraternitas laycorum sine auctoritate vel assensu diocesani et capellani ejusdem loci; quod si factum fuerit, tamdiu ipsorum excommunicentur actores, donec eadem confraternitas penitus dissolvatur, unde volumus quod vobis statuta cujuslibet confratrie ostendantur.

---

(1) Ces associations qui se rattachaient peut-être aux mouvements des esprits d'où sortirent en France les communes et chez nous les bastides, n'apparaissent pas pour la première fois dans notre histoire. Déjà au début du siècle l'abbé de Saint-Sever s'en plaignait et le concile tenu dans cette ville par Navarre d'Acqs en 1208, les proscrivait formellement. (V. D. Du Buisson. *Hist. Monas. Sancti Severi* T. I, p. 2, 19 et 223). Elles donnaient d'ailleurs autant d'ombrages au pouvoir civil comme on en peut juger par les mesures que prennent contre elles les rois d'Angleterre, ducs de Guyenne. V. *Rôles Gascons*, Edd. Fr. Michel, Ch. Bémont, N°ˢ 25, 820, 1068, 1071, 1073, 1214, 1612 etc.

DE VITA ET HONESTATE CLERICORUM

Firmiter prohibemus ne presbyteri cappas (1) deferant manicatas, alatas, transversalias, vel alias nisi clausas (2), nisi forte causa necessaria ipsos reddiderit excusatos. Quod si contra facere presumpserint ipsos excommunicationi decernimus supponendos.

Item inhibemus districte ne clerici et sacerdotes in domibus propriis vel extra concubinas habeant vel tales personas de quibus possit merito suboriri suspicio ; quod si eas habere inventi fuerint, ipsas capi firmiter precipimus, ipsis nichilominus pena debita puniendis. Si vero eas habere in mortem inventi fuerint, sacerdotes christiana careant sepultura, etiam si in eadem infirmitate eas, antequam decederint expulissent ; filii vel filie ipsi succedere vel etiam matribus nullatenus permittantur.

Item sacerdotibus prohibemus ne advocati vel procuratores vel defensores in causis existant nisi pro se vel ecclesiis propriis vel miserabilibus personis, nullo pacto vel precio mediante.

Item clericis in sacris ordinibus constitutis vel beneficia ecclesiastica habentibus prohibemus ne in foro seculari advocati existant, quod si admoniti facere presumpserint per substractionem beneficiorum et excussionem (3) ordinum puniantur.

Ludos alearum et taxillorum omnibus clericis inhibemus (4) et ut layci ab istis se abstineant a suis sacerdotibus moneantur.

---

(1) Avant de prendre la forme actuelle et d'être spécialement réservée aux fonctions du culte la chape fut le manteau de ville du prêtre, manteau rond, assez ample, tantôt avec des manches, mais presque toujours descendant jusqu'aux pieds, ouvert sur le devant, et muni d'un capuchon. De là les diverses expressions qu'on trouve ici. Ces prescriptions ne font guère d'ailleurs que reproduire les canons XV et XVI du concile de Latran déjà cité, et elles se retrouvent dans plusieurs conciles ou synodes de cette époque. Cf. D. Martène *Anecdot. Thes.* T. IV, 472, 1082.

(2) La chape devait être fermée par bonne tenue sans doute, et aussi pour empêcher de montrer les épaules nues, ce qui était, paraît-il d'après les prédicateurs contemporains, une des coquetteries des clercs du xiii° siècle. Cf. Lecoy de la Marche *op. cit.* p. 358.

(3) Ms : *exccucionis.* Le texte imprimé après *virides* ajoute *aut rubeos.*

(4) Les jeux de dés étaient très répandus alors dans le -monde laïque et ecclésiastique au grand scandale des prédicateurs, des conciles et des chapitres généraux d'Ordres qui ne cessent de se plaindre et de légiférer. Les textes sont trop nombreux pour qu'il soit possible et utile de les rapporter. V. *Decretales Greg.* ix Liv. iii. *De Vita et honestate clericorum.* Tit. i. C. xv, xvi.

Item ne tabernas intrent nisi causa peregrinationis in itinere constituti, omnibus clericis inhibemus.

Item statuimus ne sacerdotes manicas (1) consuticias vel sotulares consuticios vel rostratos (2) vel pannos virides, (3) frena vel calcaria deaurata habere vel deferre presumant.

Item districtissime prohibemus ne clerici negotiatores vel mercatores existant, nec aliquid emant ut carius vendant nec aliquid carius ratione dilationis temporis vendant, nec bladum, nec vinum, vel alias res carius corruptas vel minoris valoris tradant mutuo ut recipiant meliora.

Item inhibemus ne clerici justiciarii, vel officiales vel baylivi laycorum existant, ne occasione administrationis a laycis capiantur ; quod si facere presumpserint ab ecclesiastico officio alieni existant.

Item qui propriam habet ecclesiam non moretur in alia quasi mercenarius.

Item precipimus omnibus capellanis ut domos habeant prope ecclesias suas, ut inde expedientius et celerius occurrere valeant ad injuncta officia et sacramenta ecclesiastica ministranda ; ubi etiam bona sua habeant ne aliqua occasione sine pena sacrilegii a secularibus occupentur ; alioquin ipsos, nisi aliqua causa rationabilis obsistat, suis ecclesiis decernimus spoliandos.

Item statuimus ut in completorio dicto capitulo : *Tu in nobis es Domine* etc. dicatur responsorium. *In manus tuas* etc. et versiculus : *Redemisti nos Domine Deus veritatis* quadragesima excepta et .septimana in *albis* que propria habent responsoria.

Item statuimus ut presbyteri diligenter moneant parochianos suos ut audito hoc nomine Ihesu cum evangelium legitur, capita sua inclinent humiliter et devote.

Item nullus presbyter missam sine clerico celebret aliquo, aut litterato

------

(1) Cet article est inspiré aussi du XV⁰ canon du concile de Latran ainsi que le suivant et celui relatif au commerce des clercs.

(2) Les fameux souliers à la poulaine contre lesquels s'élèvent si vigoureusement les prédicateurs du moyen-âge : « Qu'ils prennent garde à leur âme, disait l'un d'eux, ceux qui fabriquent des souliers à bec pointu, *sotulares rostratos* ». Lecoy de la Marche, *op. cit.* p. 443

(3) Outre que ces draps en couleur ne convenaient guère à la modestie cléricale ils avaient le tort de coûter fort cher. Aussi saint Louis avait-il pour cette unique raison, abandonné les draps verts. V. Fr. Michel. *Recherches sur les étoffes.* T, I, 164, et II, 161.

induto superpellicio ministrante et pedibus calciatis nec duas missas (1) nisi in natale Domini, nec duplicato introitu ante canonen misse aliquis audeat celebrare.

De laycis autem excommunicatis qui invito sacerdote intrant ecclesiam et divinum perturbant officium statuimus quod talium bona per secularem dominum confiscentur ; quod si illa noluerint occupare, excommunicationis sententia innodentur.

Item prohibemus ne in diebus dominicis vel festivis capellani vel alii religiosi parochianum recipiant alienum ad divina officia vel alio unoquoque tempore ad ecclesiastica sacramenta nisi de licentia sui sacerdotis, sed dicant loco et tempore ut alieni parochiani exeant et ad suas ecclesias revertantur, nisi guerra vel alia evidens necessitas aliud induceret faciendum.

Item precipimus ut sacerdotes prohibeant sub pena excommunicationis ne in exequiis mortuorum layci facies suas dilanient (2) vel capillos aut taliter clament quod devotionem impediant in divinis; qnod si fecerint idem sacerdotes et clerici psallendi officio se suspendant, donec fuerit eis tranquillitas procurata.

---

(1) Sur ce point l'usage actuel n'avait pas encore prévalu. Ainsi, Innocent III, dans une lettre recueillie dans les Décrétales de Grégoire IX. (Liv. IX, Tit. XLI, C. III) conseille seulement de se borner à une messe ; le fait d'aller plus loin ne semblait pas exempt de tout esprit de cupidité. Un prédicateur de Paris, Prévostin, (1193-1231) près de cinquante ans auparavant parlait ainsi des prêtres simoniaques : « Li bon prêtre qui agaitent les offrendes si unt esperance des deniers si cantent les dous messes u les trois ». V. Lecoy de la Marche *op. cit.* p. 355.

(2) La peine de l'excommunication portée contre ces démonstrations ne les fit pas disparaître. Voici comment en parle le concile provincial d'Auch en 1315. Ses plaintes nous renseignent d'ailleurs sur la nature de ces démonstrations : « Firmiter duximus statuendum propter multos clamores qui ad nos sepe et sepius pervenerunt quod in exequiis divinis in ecclesiis mortuis impendendis impedimenta quam plurima proveniunt per amicos, cognatos aliosve domesticos in ecclesia funere existente, cantilenas, lamentationes, ululatus et altos clamores vociferando, emittendo et facientes sonitus cum baculis et aliis instrumentis vel quodcumque aliud divinum officium impediendo ; idcirco ut non sint in ecclesia lamentationes lugentes magnis et altis clamoribus » : *Constitutions synodales d'Auch,* fol. XX r°.

L'autorité civile avait dû même se préoccuper de réprimer ces démonstrations funéraires. C'est ainsi qu'on lit dans les *Etablissements de Dax* encore inédits : « Establit es peu mayre e peus juratz o peu commun amassat ad cride que quen hom audira que augun cors aura en le viele que nuls hom ni femne estraing ni privat que lo cors veilhar quent iran per le viele non cridin largement ni ferin ni corn, porte, ni teuler ni d'arroquin, ni pipe, ni carn, ni aute fuste : qui affera XX sols lo costera si lo mayte lag sab ni lag pod probar en aquet cas. » Bib. Nat. F. lat n° 1542, v. notre introduction.

Nullus possessiones ecclesie vel redditus alienare presumat, nisi de diocesani licentia speciali ; aliter facta alienatio non valeat et alienatores puniantur secundum canonicas sanctiones.

Item ecclesiarum jura et redditus in missalibus (1) scribantur.

Item statuimus ut nullus clericus vel laycus bona et redditus ad fabricas ecclesiarum pertinentes obligare, vel assensare (2) presumat absque nostra licentia speciali, nisi tantum ad annum. Quod si contrarium presumptum fuerit nos id ex tunc revocamus nichilominus assensantes et illos qui assensam seu obligationem recipiunt excommunicamus.

Item prohibemus sacerdotibus universis ne testamenta sua per manus ordinent laycorum ; frequentur autem moneant laycos ut sua semper condant testamenta in sui presentia sacerdotis, ne possit fraudulenter rei veritas occultari, et tam episcopo quam fabrice ecclesie cathedralis quanto honestius poterunt largam dimittant portionem. Religiosis etiam locis et pauperibus dimitti faciant bonam partem.

Item de patronis ecclesiarum parochialium sive sint monachi, sive religiosi vel canonici seculares precipimus firmiter et districte ut compellantur presbyteris eorundem deputatis servicio assignare tam ydoneam portionem ut ex ea valeant congrue sustentari prout diffinitum est in concilio generali (3).

Item precipimus ut nullus clericus qui ad ecclesiam per laycum fuerit presentatus cum eodem layco audeat morari, quia cum magna difficultate aliqui oblationes et ecclesias dimiserunt ; unde id etiam adhuc revocare nituntur.

DE DECIMIS ET PRIMITIIS

Item statuimus ne religiosi vel clerici in alienis parochiis nec etiam layci decimas presumant aliquatenus emere, vel titulo pignoris recipere vel etiam assensare seu arrendare nisi ad unum annum tantum ; nisi de voluntate episcopi et assensu, et tunc recepta sorte emptarum vel sub

---

(1) On écrivait sur les marges des missels les noms des bienfaiteurs de l'église, et aussi, voit-on, les revenus et droits de l'Eglise Pareil usage se trouve consigné dans les Constitutions synodales d'Odon, évêque de Paris. Mansi. *Concil.* XXII, p. 757.

(2) *Assensare*, prendre ou donner à cens, affermer.

(3) Le concile général dont il est ici question est encore le IVe Concile de Latran (1215) qui en son XXXIIe canon commande en effet d'assigner au curé une portion congrue.

pignore receptarum vel assensatarum vel arrendatarum decimarum sibi partem mediam retineant, et sibi episcopus quartam et ecclesia in cujus est parochia similiter quartam partem persone, et si aliquis contra hoc statutum nostrum emere vel obligare decimam presumpserit sine nostra licentia speciali, vel etiam essensare seu arrendare (1), ipsum excommunicamus et ipsam decimam ad diocesanum (2) et ad ecclesiam in cujus existit parochia decernimus revertendam et emptorem vel obligatorem seu etiam assensatorem graviter puniendum.

Si quis contra prohibitionem nostram decimator vel assensator ab eis in cimiterio sepultus fuerit, ipso facto cimiterium decernimus interdictum.

De primitiis

De primitiis statuimus ut layci per censuram ecclesiasticam compellantur a quadragesima parte usque ad quinquagesimam nomine primicie exsolvendum. Et quum consuetum est fere per totam diocesim ut parochiani capellanis suis dent annuas procurationes (3) quas quidam recipere negligunt, mandamus ut eas recipiant. In locis vero ubi non est consuetum petantur nichilominus ut quod justum fuerit decernatur super hoc.

De sententia excommunicationis vel interdicti

De illis qui propter violentam manuum injectionem in canonem late sententie inciderunt, vel alias ex sententia canonis vel judicis excommunicati vel interdicti fuerint aut suspensi, licet amicabiliter postmodum componant, districte precipimus ut donec beneficium absolutionis obtineant, eisdem astricti sentenciis denuncientur, scilicet excommunicati a nobis vel officiali nostro singulis diebus dominicis quousque (4) fuerint absoluti.

Nota de clerico capto et de re ecclesiastica

Item in civitate et extra ubicumque clericus captus fuerit, vel res ecclesiastica violenter detenta fuerit per rapinam, vel furtum, sive in

---

(1) *Arrendare* : donner ou prendre à rente, affermer.

(2) *Diocesanum*, évêque diocésain.

(3) Sous le nom de *procuratio* étaient désignés les droits payés aux prêtres ou à divers dignitaires ecclésiastiques lors de leurs visites : *Vid infra.*

(4) Dans le t. imp. *donec.*

castris, sive in villis et aliis locis, quamdiu ibi detinebitur, abstineri precipimus a divinis dummodo ecclesiarum ipsarum rectoribus vel eorum mandatis constiterit de rapina vel de furto.

Nota de presbyteris peregrinis

Statuimus etiam ne quis ad officiandum in sua ecclesia presbyterum peregrinum recipiat (1) sine commendaticiis litteris sui prelati, et tunc cum nostra licentia speciali. Alioquin tam dictus peregrinus presbyter officians quam recipiens ipso facto excommunicationem quam in eos promulgamus incurrant.

Hic agitur de vita et honestate clericorum

Precipitur ut omnes jejuni synodum intrent in eundo et redeundo in civitate et hospiciis tam in commessationibus quam in aliis abstinentes a jocis tumultibus et cantilenis et levitatibus ; in omni conversatione sua honeste se habeant et discrete ne eorum inhonestas vergat in vituperium clericale.

Item statuimus quod cum pontifex in insigniis episcopalibus sedere debeat in synodo, abbates et archidiaconi et priores in albis et cappis sericis, presbyteri et clerici et maxime beneficiati omnes in superpelliciis sibi decenter assistant. In cessionibus quoque minores majoribus suis humiliter deferant et devote. Statuimus etiam ut tonsuram congruam et habitum clericalem tam in synodo quam extra deferant omnes clerici.

Nec aliquis clericorum presumat coreas maxime ducere mulierum, vel ipsis interesse, nec aliis ludis inhonestis nec lacrimosis spectaculis.

Item ecclesie non exponantur immundis aut inhonestis suppellectilibus sacerdotum vel aliorum nisi guerrarum vel alia competens necessitas id exposcat (2).

---

(1) Ces recommandations n'étaient pas inutiles, car à peu près à la même époque le concile de la province d'Auch se plaignait du grand nombre de clercs étrangers qui affluaient en Gascogne : « Quia clerici peregrini de diversis partibus confluunt ad provinciam Auxi et plures ut creditur non ordinati secundum leges canonicas... » *Constitutiones provinciales Aux.* 1290, fol. XIV, v°.

(2) C'était alors un usage assez répandu de loger les meubles ou autres objets dans les églises. Au concile provincial de Saumur en 1276, Jean de Monsoreau pouvait dire : « Nous avons vu de nos propres yeux dans la plupart des paroisses, les églises tellement remplies de coffres et de tonneaux destinés à conserver aux laïques leurs biens temporels que non seulement on y est gêné pour entendre l'office divin mais qu'elles ressemblent plus à un grenier qu'à la maison de Dieu. »

Nota de Questoribus (1) et Ribaldis (2)

Item nullus admittat cartellos questuariorum nisi sigillo nostro vel officialis nostri sigillatos nec aliquis questuarius permittatur proponere verbum predicationis nisi de mandato nostro et licentia speciali et hoc sub pena excommunicationis precipimus observari.

Omnes beneficiati et in sacris ordinibus constituti sigilla teneant quibus mandata sibi directa studeant sigillare ; capellani vero nomen sue ecclesie in sigillo apponi faciant et inscribi.

Universis et singulis inhibemus sub pena XX solidos ne aliquem citare vel denunciare excommunicatum vel interdictum presumant auctoritatis delegata vel subdelegata, nisi viso autentico sigillo et commissione auctoritatis (3) cujus mandatur citatio vel excommunicatio fieri et transcripto citatorii autentici seu commissionis ipsi citato dato.

Nota quod nemo debet citare ad mandatum delegati nisi ostendat inscriptum originale

Ah hoc nullus audeat citare aliquem ultra duas dietas (4) a finibus diocesis numerandas, nisi contineretur in rescripto illa clausula *non obstante constitutione concilii generalis* (5) quod loquitur de duabus dietis. Nos autem abusores litterarum apostolicarum excommunicationis vinculo innodamus.

Omnes ecclesias officiantes habeant pargamenum et incaustum (6) continue ut possint sibi injuncta prout decuerit adimplere (7).

C'est contre cet abus que le concile de Latran (1215) formule son XIX⁰ canon dans des termes que nos constitutions reproduisent presque intégralement. Cf. Labbe, T. XI, col. 1011 et 1117.

(1) Quêteurs. Depuis la prédication des croisades, des quêteurs se disant envoyés par les papes parcouraient la chrétienté en fort grand nombre. De là les précautions multiples qu'il fallait prendre contre eux. Aussi quand Clément V accorde des indulgences pour les fidèles qui concourront par leurs aumônes à la reconstruction du monastère de Ste Quitterie et de l'Eglise d'Aire il a bien soin de spécifier que ses lettres ne seront pas portées'par des quêteurs : « *praesentibus quas per quaestuarios mitti prohibet.* » *Et Reg. Clem. Papae. V.* nᵒˢ 6138 et 6139. Ex Vaticanis archetypis 1888.

(2) Ribauds, coureurs de grands chemins, assez mal famés. Remarquer que le synode ne distingue pas entre ribauds et quêteurs.

(3) Le manuscrit et le texte imprimé portent *auctoritate.*

(4) Journées.

(5) Il s'agit encore ici d'une prescription du concile de Latran en son XXXVII⁰ canon.

(6) Parchemin et encre.

(7) Après *adimplere* le t. imp. ajoute *mandata.*

CONSTITUTIONS SYNODALES DE 1328

Anno Domini Mil CCCXXVIII°, in synodo die veneris post festum beati Matthei apostoli Aquis in ecclesie majori aquensi celebrate fuerunt constitutiones infrascripte facte et publicate per venerabiles viros dominos Amaneum de Leone canonicum aquensem et Johannem de Anguelu canonicum Compostellanum ac vicarios Reverendi patris in Christo Domini B[ernardi] (1) Dei et sedis apostolice gracia episcopi aquensis ipso in remotis agente. Quarum constitutionum tenor sequitur in hunc modum.

DE SACRAMENTO EUCHARISTIE

Quia presidentis officium non solum sacerdotum sed etiam secularium utilitatibus debet esse sollicitum ut eorum saluti plenius consulatur et actus et mores eorum in melius reformentur, idcirco nos Amaneus de Leone canonicus aquensis et Johannes de Anguelu compostellanus canonicus vicarii reverendi patris et domini domini B[ernardi] Dei et apostolice sedis gratia episcopi aquensis in remotis agentis, provida deliberatione volentes salutibus subjectorum episcopatus predicti providere quedam prospeximus statuenda et in primis statuimus et ordinamus, ut quicumque presbyter ante ingressum misse provideat ut hostia sit firma et non flectibilis et quod in aliqua sui parte non sit fracta

---

(1) Bernard de Liposse évêque de Dax de 1327 à 1358. Remarquer la formule « *sedis apostolice gratia* » C'est un des premiers exemples qu'on en trouve. D'après Thomassin (*Discip. eccl.* De Benef. part IV, l. I, c. 22) cité par les auteurs du *Gallia Christiana* (T. I, Praefatio) le premier exemple en aurait été donné par l'archevêque Pierre de Narbonne en 1351. Les Bénédictins (*Gallia Christ.* T. II, col. 873) citent cependant un abbé de la Sauve Majeure au diocèse de Bordeaux, Gaillard de la Chassaigne, qui donna le premier en France l'exemple de la formule *apostolice sedis gratia*. En fait d'évêques on n'en cite qu'un, Simon de Goucans (m 1325), évêque d'Amiens, qui l'ait employée en 1321 avant Bernard de Liposse. Pour ce dernier il n'y avait pas ici comme le disent les Bénédictins « une flatterie assez conforme au génie gascon », mais la reconnaissance d'un fait réel et évident : Bernard de Liposse avait été nommé directement par le pape Jean XXII alors que les chanoines de Dax avaient déjà élu Guillaume de Poylohaut. V. Oihénart *Notitia Vasc.*, p. 476.

et quod in elevatione corporis Domini non astringatur, sed curialiter accipiatur ne infrangatur seu flectatur propter scandala que possent exinde generari vel oriri.

Item ordinamus et etiam prohibemus universis rectoribus et procuratoribus eorundem ne de cetero in arrendamentis fructuum ecclesiarum suarum factis laycis oblationes altaris que vulgariter *manualia* nuncupantur, includant, etiam si a nobis ex quacumque causa obtinuerint licentiam suos redditus arrendandi. Perniciosum enim videtur exemplo quod per laycos arrendatores reddituum, ymo, quod deterius est, per uxores eorumdem altaria denudentur et ad usus familie sue oblationes asportentur, quas volumus ex nunc manere, sicut justum est, apud ministros ecclesie et per ejus serviciales expendi. Nos autem tam in restores seu procuratores eorum quam etiam in assensatores qui contrarium attemptaverint excommunicationis sententiam ferimus in hiis scriptis.

Item volumus et ordinamus, et etiam sub pena excommunicationis mandamus quam in quemlibet ferimus in hiis scriptis non parendo, ut omnes rectores in suis ecclesiis singulos rotulos (1) habeant, in quibus omnia nomina excommunicatorum conscribant et cujus auctoritate sunt excommunicati et ad cujus instantiam. Et ad finem ut melius erubescant et citius sibi procurent absolutionis beneficium, volumus et mandamus ut denuncientur omnibus diebus dominicis per rectorem vel ejus locum tenentem publice in ecclesia, ne quis in evitando ipsos via aliqua se valeat excusare nec aliam ignorantiam pretendere.

Item denunciamus excommunicatos pedagia a clericis ratione personarum seu rerum ad usus proprios delatarum recipientes.

Item denunciamus excommunicatos et excommunicamus in hiis scriptis omnes comites, vicecomites seu senescallos, prepositos, bajulos et omnes alios et singulos jurisdictionem temporalem obtinentes qui inhibitiones fecerunt suis subditis seu facient publice vel occulte ne super personalibus

---

(1) Cette obligation si sévèrement imposée aux curés d'avoir et de lire « leur rôle des excommuniés » fait supposer que le nombre de ces derniers était assez considérable. On sait que les Papes durent parfois intervenir pour refréner l'abus des excommunications. *L'Hist. litt. de la France*. T. XXI, p. 632 et XXIV, p. 122, et, pour la période qui nous occupe, des historiens bien informés (Raynaldi. *Annal. ecclesiast.* ann. 1311, nᵒ 55 et suiv.) nous parlent de paroisses où l'on comptait jusqu'a trois ou quatre cents excommuniés.

actionibus recursum habeant ad nos seu officialem Aquensem, nisi eas immediate revocent palam publice et manifeste.

Item mandamus omnibus et singulis prioribus et ecclesiarum rectoribus et sub pena excommunicationis eis injungimus ut dictam constitutionem in suis ecclesiis publicent per unam diem dominicam mensis cujuslibet, vel publicari faciant cum major aderit populi multitudo.

Item denunciamus excommunicatos et excommunicamus in hiis scriptis omnes interdictionem ecclesiasticam quoquomodo impedientes.

Item denunciamus excommunicatos omnes impedientes solvere decimas clericis debitas vel ecclesiis vel ecclesiasticis personis.

Item denunciamus et excommunicamus omnes verberatores illorum qui portant litteras domini episcopi vel ejus vicariorum vel curie ipsius seu ejus officialis vel qui eas rumpunt vel auferunt vel rumpi vel auferri mandant et illis qui hoc faciunt prestant opem, consilium vel favorem.

Item injungimus rectoribus et capellanis quibus littere curie domini episcopi vel vicariorum ejus seu officialis ejus diriguntur sub pena quinquaginta solidorum bonorum morlanorum quam sine misericordia exigemus si contrarium faciant et quam incurrant ipso facto. Quando litteras ipsas, si sit periculum, non revelent illis contra quos diriguntur, nec eas exequantur quousque lator earum potuerit sua parochia exivisse, saltim per mediam leucam ne latores earum dammificari possint et ultra hoc volumus ut contrarium facientes excommunicationis sententiam incurrant ipso facto.

Item excommunicamus omnes illos qui litigantes in foro ecclesiastico de rebus ad forum ecclesiasticum pertinentibus (1) per captionem bonorum suorum vel parentum suorum vel alias quoquomodo desistere compellent.

DE QUESTORIBUS. Rubrica.

Item juxta constitutionem (2) domini Clementis pape quinti inhibemus prioribus ac rectoribus, ne aliquos questores (3) habentes litteras supradictas populo predicare permittant, nec miracula sive quevis alia exponere nisi dumtaxat indulgentias explicare et alia solum que in suis litteris continentur.

---

(1) *Spectantibus* dans le t. imp.

(2) Il s'agit de la Constitution de *Abusionibus* qui a pris place dans les *Clémentines* et a été rappelée et renouvelée par le Concile de Trente, Sess. v, c. II et Sess. XXI, c. IX.

(3) Entre questores et habentes le t. imp. porte « et etiam ».

Item quod capellani mercenarii non recipiantur per rectores ultra quatuor menses ad curas animarum, nisi ostendant litteras eis concessas per dominum nostrum predictum episcopum vel vicarios suos et concessas hactenus per quoscunque alios revocamus, contrarium facientes ad summam centum solidorum morlanorum condemnantes.

Item quod rectores moneant dominos temporales, judices, bajulos et alios justiciarios quod condemnatis (1) ad suspendium vel alias quoquo modo ad mortem dent facultatem et spacium peccata sua confitendi sacerdoti et quod ipsi iidem ipsos condemnatos ad hoc inducant nobisque denuncient. si invenerint contrarium facientes.

Item omnes constitutiones predecessorum domini nostri episcopi et eorum vicariorum approbamus, laudamus atque pariter confirmamus et etiam renovamus ne quis per non usum vel abusum credat ipsas vel earum aliquas non tenere.

DE SYNODO

Item excommunicamus in hiis scriptis omnes et singulos abbates, priores, rectores, et alios clericos beneficiatos qui non comparuerint in nostra synodo sufficienter, nisi a nobis sint licentiati.

Excusatores illorum qui non audent seu non possunt venire ad citationem factam, habeant litteram excusatoriam a capellano suo sigillo sigillatam, si non possunt habere tabellionem et sint ibi testes et inimicitie expresse, vel impossibilitas et sit qui habeat potestatem jurandi (2).

DE EXECUTIONIBUS LITTERARUM ET SALARIIS

Super motis et datis dubiis declaramus, primo quod pro executionibus litterarum seu mandatorum faciendis, sicut concessum est, executor

---

(1) Le ms. et le texte impr. portent *condemnatos*.

(2) Ici se placent dans le texte imprimé les lignes suivantes .

Anno domini Mil CCC XLV, die IX, introitus mensis Augusti facte et publicate fuerunt constitutiones infrascripte per Reverendum in Christo patrem B[ernardum] Dei et sedis apostolice gratia Aquensem episcopum in aula sua episcopali Aquensi ; quarum constitutionum tenor sequitur in hec verba. C'est par erreur qu'elles ont été mises ici. Dans le manuscrit, ce qui suit fait bien partie des Constitutions de 1328.

habeat et recipiat a quolibet curato presbytero sui archipresbyteratus sex denarios monete currentis, portitori autem littere si voluerint dare ad comedendum, de gratia hoc faciant ; alias ex debito eos decernimus non teneri, preterquam in archipresbyteratibus de Mixia et ad Ostebares, de Marensino, Rippe-Ligeris et Canalium et Landarum (1), in quibus propter diffusam eorum latitudinem VIII denarii dicte monete cursibilis recipi et solvi volumus et de comestione ut supra immediate cavetur.

ITEM IN EODEM

Item declaramus quod si infra X dies a data litterarum computandos littere monitionum, excommunicationum seu aggravationum cuique ex presbyteris vel cuilibet de clero exsequende presententur, id executor efficere teneatur ; post lapsum autem decemdii ad idipsum decernimus non teneri. Si vero post terminum in dictis litteris monitoriis comprehensum vel a data aliarum predictarum litterarum effluxerint XX dies et medio tempore earum denunciatio non sit facta, ulterius post lapsum dictorum XX dierum ad id exequendum nullatenus teneantur, licet (2) excommunicatus ligatus maneat sicut primo.

Item declaramus quod quelibet citatio litteratoria adminus contineat in se spacium seu intervallum trium dierum a die presentationis computandorum ; alias rector non teneatur ad executionem ejusdem, nisi (3) more periculum quod in eadem littera exprimatur aliud suaserit faciendum.

---

(1) **Les archiprêtrés de Mixe et d'Ostabaret, de Marensin, de Rivière-Luy et des Landes** étaient bien les plus étendus parmi ceux dont se composait le diocèse de Dax ; pour l'identification et la délimitation approximative de ces archiprêtrés qui n'offrent aucune difficulté, nous nous bornerons à renvoyer à nos historiens locaux : Dompnier de Sauviac, *Chronique de la Cité et Diocese de Dax*, T I, p. 203 et 205, et J Légé : *Les Diocèses d'Aire et de Dax sous la Révolution*, T. I, p. 30. Pour le Mixe et l'Ostabaret on peut voir J. F. Bladé · *Mémoire sur l'Evêché de Bayonne* (*Etudes Historiques et Religieuses du Diocèse de Bayonne*, 1896, Septembre, p. 439.) mais en tenant compte des critiques de M. J. de Jaurgain dans le *Bulletin de la Société des Sciences, Lettres et Arts de Pau*, 1895-1896, p. 377, note 3.

(2) **Cette dernière remarque ne se trouve pas dans le manuscrit.**

(3) **Cette remarque ne se trouve pas non plus dans le ms.**

IDEM IN EODEM

Item ordinamus, quod ubi parochie sunt ample et diffuse et habent fieri citationes ad domum ipsius citati habeat et exigat a parte citatorium impetrante unum burdegalensem nonete currentis pro quolibet citato, nisi in eadem domo plures essent vel in domibus convicinis contiguis, quia tunc pro omnibus illis unum burdegalensem tantum solvi volumus ut prefertur. Et idem observari volumus, si extra propriam parochiam fieri dicta mandata seu executiones contingat. Si autem in ecclesiis dicta mandata fiant, vel in burgo prope ipsam ecclesiam nichil volumus exigi aut levari.

CONSTITUTIONS SYNODALES DE 1345

In nomine Domini. Amen. Anno ab incarnatione ejusdem M° CCC° XL° quinto, indictione XIII, pontificis sanctissimi in Christo Patris et Domini nostri Domini Clementis digna Dei Providentia Pape sexti anno quarto die lune post festum sancti Petri ad vincula qui erat octavus dies mensis Augusti in aula episcopali Aquensi.

Noverint universi presentes pariter et futuri quod constituti sunt personaliter venerabiles et discreti viri domini Ameneus de Podio Gosse (1) et de Seinhanxs, P. de Sales de Lanesco, Arnaldus Guillelmus de Lespiaub de Avorta, Arnaldus Bernardus de Miramtunc Ripe fluminis, Vitalis de Badcidato Ripe Ligeris et Canalium, Arnaldus de Spiecco de Brassens (?) (2), Petrus (3) Luxis de Maritima, Geraldus de Gressie de Saubenam Ripe Gaveri (?) (4), Natalis de Burgo Auree vallis, Bernardus de Brostereto Gerti et Polionis, Dominicus de Adura de Gresino archipresbyteri, magistri P. de Lataas baccalaureus in decretis sancti Laurentii de Terra Jusan (5), Joannes Declarus de Tarnos

---

(1) Ms. *Gonosse*.

(2) Le ms. porte très lisiblement *strestenco*.

(3) Dans le ms. il y a *Pride* en toutes lettres.

(4) Dans le ms. *Lucore*.

(5) Deux chartes conservées aux archives de Pau E. 188, nous donnent encore ce nom de « Petrus de Latas rector ecclesie sancti Laurentii Terre Juzan, jurisperitus ».

baccalaureus decretorum de Arriono (1), Joannes de Frica de Pontonis, Bernardus de Feugariis de Tarboilha, Bertrandus de Sexto de Sordua, P. Arnaldi Durante de Dendis (2), magister P. de Banheriis de Sabres (3) et ceteri ecclesiarum Aquensis diocesis rectores et alii priores, rectores, prebendarii, presbyteri, diaconi etc. civitatis et diocesis Aquensis, de mandato ipsius domini episcopi, ut per litteras ejus sigillo sigillatas apparebat, ad celebrandum synodum solempniter cum eodem et aliis tentando cum ipso super negocio infra scripto et aliis statum ecclesiarum tangentibus ac specialiter, prout moris est in talibus, convocati et in simul congregati pro se et nominibus quibus supra et in nomine procuratorio omnium singulorum presentium et absentium clericorum diocesis, ac omnium quos negotium hoc tangebat vel tangere poterat atque hoc modo, prout in instrumento procurationis latius continetur, in mei notarii infra scripti, ad hoc specialiter vocati et rogati presentia, coram reverendo patre domino episcopo et venerabilibus viris dominis P. Arnaldo de Ayesio (4) et Bernardo de Arcesio canonicis Aquensibus infra scriptis capitulum facientibus et capitulantibus cum eodem, cum plures canonici tunc non essent ibi presentes, necnon presentibus multis probis viris ipsis synodum celebrantibus, ut est dictum. Proposuerunt verba facere dicto domino episcopo et suis officialibus graviter conquerendo quod cum de jure episcopi vel eorum superiores bona aliqua predictorum beneficiatorum presbyterorum aut quorumlibet eorumdem decedentium inventa tempore mortis vel egritudinis eorumdem sibi nullatenus debeant applicare, cum nullum jus domino episcopo competat in eisdem quinimo sint in usus alios convertenda et personis aliis, prout disposuerunt, applicanda, eo presertim attento quod iidem

---

(1) Rion.

(2) La lecture de quelques-uns de ces noms si étrangers à notre onomastique gasconne n'est pas douteuse, mais nous ne voyons pas comment les restituer pour leur donner leur vraie physionomie ; nous ne pouvons que rappeler ce que nous avons dit dans l'introduction sur les ignorances du copiste de ce texte. Ce début et les quelque quarante lignes qui suivent ont été particulièrement mal traités.

(3) Dans le ms. il y a *Bamphtris* ; nous subtituons *Banheriis* parce que dans l'obituaire de l'ancien chapitre de Dax il est question d'un obit fondé (avant le XVᵉ siecle) pour un archidiacre du nom de P. de Banheriis. Arch. mun. de Dax, G. G. 32.

(4) Il existait au XVᵉ un obit fondé pour le chanoine P. Arnaut de Ayesio enterré dit l'obituaire devant l'autel de saint Laurent. Archives mun. de Dax, G. G. 32 (p. 6 pagination moderne).

beneficiati de suorum debent beneficiorum, quibus deserviunt atque presunt, fructibus et exitibus sustentari et statum cum familia sua gerere condecentem. Quibus congrue supportatis, beneficiorum suorum tenui et exili exiguitate pensata, (1) nihil de eisdem potest dictis beneficiatis vel saltem modicum superesse, ceteris incumbentibus oneribus supportatis. Hiis tamen et aliis justis causis postpositis et rejectis, dictus dominus episcopus una cum officialibus suis et ministris imminens prope cupida volontate per se satagebat deducere in abusum quodcumque quod alii Aquenses episcopi, qui ante ipsum prefuerant, fecissent, cum bona queque decedentium predictorum absque delectu seu differentia quelibet occupabat de facto et occupari faciebat suisque usibus applicabat ; quod, salva episcopali reverentia, corruptela et violenta spoliatio dici poterat et debebat et ecclesiarum prejudicium. Dicti beneficiati et etiam dicti clerici merito exposcebant ut sibi impenderetur salubre remedium, occursum seu provisionem celerem adversus extorsiones ac occupationes hujus modi indebitas seu rapinas super hiis adhiberi per dictum dominum episcopum, requirentes et adjicientes quod rectores et alii de dictis bonis suis, que eis reperta fuerint superesse, libere possint juris concessione erga consanguineos et amicos et ipsas ecclesias et quelibet loca pia vel parentes aut pauperes aut etiam servitores aut alios, prout volunt, suam extremam disponere voluntatem, nec dictus dominus episcopus et ipsius officiales et gentes, scriptis testamentis hujusmodi ac eorum dispositionibus procul pulsis, dicta bona aliis tam parum ac se ipsis applicare et appropriare presumant indebite et injuste, pro libito volontatis ipsas personas ecclesiasticas et eorum ecclesias ac beneficia et alia quibus fuerint applicanda dictis bonis illicite spoliando. Et ibidem perdictus dominus episcopus, ad cujus officium spectat dirigere judicia, declaravit quod, cum propter querelas hujusmodi aures ipsius fuissent sepius repercusse, illos et alios archipresbiteros supradictos coram se in aula episcopali convocaverat hac de causa.; ubi fuit super hoc multipliciter altercatum, non erat sua intentio bona occupare predictorum vel facere

---

(1) Un témoignage analogue sur la faiblesse des revenus des bénéfices dans notre pays se trouve aussi dans les *Constitutions Provinciales* d'Auch (fol. IX, r.) « Nos volentes super hoc utiliter providere rectoribus parochialium ecclesiarum que in proventibus in nostra provincia, ut plurimum sunt tenues et exiles ». Nous verrons d'ailleurs plus bas que l'évêque Bernard ne fait pas difficulté d'en convenir.

occupari, nisi quatenus sibi posset competere ex usu per ipsum, ut dicebat, servato diutius vel de jure ; sed controversiam et querelam hujusmodi seu debatum una cum aliis dependentibus ex eisdem que hoc negocium tangere dignoscuntur, diffiniri volebat et consentiebat et etiam terminari per quatuor diffinitores seu arbitratores, duos eligendos pro parte ipsius et alios duos pro parte et nominibus predictorum. Et ibidem de sui capituli expresso consensu elegit et nominavit pro parte sua et ecclesie Aquensis venerabiles viros dominos abbates Deiville et de Canhota ibi presentes. Et predicti rectores et alii beneficiati et superius nominati et Dominicus de Adura rector ecclesiarum de Bediosa (1) et de Candressa procurator et nomine procuratorio eorumdem et aliorum presbyterorum et beneficiatorum dictarum civitatis et diocesis, prout de dicta procuratione mei notarii extitit facta fides, pro parte sua et dictorum beneficiatorum nominaverunt et etiam elegerunt discretos viros magistrum Laurentium de sancto Johanne priorem de Capite Serbuno (2) et Amaneum de Podio archipresbyterum de Gossa dicte diocesis. In quos omnes quatuor ibi presentes et in se compromissum predictum et arbitrium expresse ac specialiter assumentes dicte partes, nominibus quibus supra, compromiserunt tanquam in arbitros arbitratores et amicabiles compositores in et super premissa, et promiserunt dicte partes expresse per se et suis successoribus et beneficiis eorumdem laudabiliter tenere et in perpetuum inviolabiliter observare quidquid per dictos arbitros in forma juris servata vel aliter in premissis diffinitum fuerit arbitratum vel quomodolibet ordinatum. Et hoc sub certis penis adjectis prout hec omnia supradicta et alia in instrumento compromissi per magistrum Guillermum de Burgi notarium publicum retenti plenius et seriosius continentur. Et tunc dicti arbitri pro bono pacis et concordie ad germen dicti litigii suffocandum obtulerunt se pro viribus laborare et ulterius

---

(1) « Bediosse *alias* Narrosse » comme on lit dans les plus anciens papiers du chapitre de Dax. Arch mun. G. G. 30.

(2) Le prieuré de *Capite-Serbuno* était constitué par la paroisse actuelle de Labenne. C'est ainsi qu'on peut lire dans les archives de Capbreton G. G. 21. « Laurens procurator... magistri Mathei de Lalanne canonici ac rectoris ecclesie parrochialis de Labenne vulgariter nuncupate prioratus de capite Severino (*alias Cap Serbin*, G. G. 28) Aquensis nostre diocesis. » On lit de même dans une supplique adressée à la cour pontificale a la date du 30 avril 1433 : « Parochia de Bena. Aquensis diocesis, prioratus de Capito Serbuno nuncupata... » R P. H. Denifle Ord. Pr. *La Désolation des Eglises* . *en France*, T. I, p. 202. Paris, 1898.

audire querelas utriusque partis et rationes que multotiens fuerant refricate, et deliberatione prehabita, cunctis aliis perspectis, assignaverunt diem IX am mensis augusti proximi, dictis partibus presentibus in aula episcopali Aquensi ad suam pronunciationem et arbitrium proferendum et predictas partes contrarias audiendas. Et dictus dominus episcopus suam synodum usque ad illam diem intimavit et prorogavit expresse. Acta fuerunt hec anno, indictione, pontificatu, mense, die, et loco quibus supra, presentibus venerabilibus et discretis viris domino Geraldo de Podio canonico, Bernardo Monaldo de Insula, Jacobo de Var jurisperito, Johanne de Baquer, Johanne de Gastelur notariis, Adamario de Maritima clerico, Bernardo de Lipossa, Johanne de Vinea, Stephano Ricardo, Dominico Seguino de Narbei, Johanne deu Puyou et Johanne de Barrano, clericis testibus ad premissa vocatis specialiter et rogatis et me Yspano de Coes clerico infra scripto auctoritate imperiali notario publico, qui hoc presens publicum instrumentum retinui.

Postea, dicta die IX mensis Augusti dictis partibus assignatis anno, mense, pontificatu, indictione cum predictis presentibus testibus et me notario supra scriptis vocatis specialiter et rogatis in dicta aula episcopali Aquensi, dictus dominus episcopus una cum suis Aquensibus canonicis infra scriptis capitulum facientibus pro se et sua Aquensi ecclesia et suis successoribus ex parte una et alii superius nominati et eorum procurator predictus pro se et aliis beneficiatis ac successoribus ac nominibus quibus supra ex parte alia, coram predicto domino episcopo et dictis arbitratoribus seu amicabilibus compositoribus, comparuerunt, cum predicto domino episcopum assignatam synodum faciente et etiam solempniter celebrante petentes et requirentes partes que supra, cum instantia qua decebat, prefatos dominos arbitratores seu amicabiles compositores ibidem presentes ut dictum suum arbitrium sive laudem pronuntiarent seu declararent super querelis superius memoratis, prout extiterat compromissum. Qui quidem domini arbitri seu compromissarii dicte requisitioni tanquam juste ac rationabili annuentes, bono ducti concilio, deliberatione prehabita cum peritis dictum suum arbitrium in modum qui sequitur protulerunt. Unde nos arbitri arbitratores seu amicabiles compositores supra dictorum auctorum propositis et supplicatis superius per dictas partes ac etiam omnibus aliis et singulis supradictis et que intra nostrum munus moventur seu moveri possunt volentes insuper, ut nobis est indictum, ab injuriarum periculis [evadere] et parcere dictarum partium laboribus et expensis et presenti questioni, liti seu debato finem debitum imponere ad hoc quod inter caput et membra nulla prorsus dissencio super predictis deinceps nascatur, habito peritorum consilio, et tractatu, presentibus prefato domino episcopo ac venerabilibus viris dominis Petro Arnaldi de Ayesio et Bernardo de Arcesio canonicis Aquensis ecclesie propter hoc specialiter congregatis et capitulum facientibus perseverantibus in dicto loco, cum plures tunc presentes non essent, ad ista infra scripta consentientibus et assensum suum prebentibus et ità fieri volentibus, sub protestationibus infra scriptis pro ipsis dominis canonicis et capitulum facientibus, presente etiam domino Dominico de Adura procuratore predicto et nomine procuratorio suo et etiam predictorum hanc dictam nostram pronunciacionem, declaracionem super predictis, questione, debato, lite et controversia expetitam nobis per dictas partes, ut premittitur antea, Dei nomine invocato in hiis scriptis in modum qui sequitur, dicimus ferme et pronunciamus.

Primo (1) dicimus et pronunciamus quod dictus dominus Aquensis episcopus pro se et suis successoribus Aquensibus episcopis, qui erunt pro tempore, in perpetuum totaliter quitet, remittat penitus et absolvat dictis rectoribus, prebendariis et aliis beneficiatis et non beneficiatis, capellanis et clericis civitatis et diocesis Aquensis, qui nunc sunt vel erunt pro tempore et eorum cuilibet omnia jura, deveria, actiones que et quas habet et habere debet et potest de jure et de consuetudine aut usu observato per ipsum dominum Aquensem episcopum et ipsius officiales seu gerentes in predictis bonis quibuscumque mobilibus et immobilibus dictorum rectorum, presbyterorum, prebendariorum et aliorum beneficiatorum et non beneficiatorum capellanorum et clericorum civitatis et diocesis predictarum vel alterius eorundem eisdem quocumque titulo seu causa acquisitorum et pertinentium seu pro tempore in perpetuum pertinere debentium quovis modo et quod de predicti bonis suam valeant facere voluntatem et disponere ac testari in vita et in morte perpetuo duraturam.

Item pronunciamus et declaramus quod si dictos rectores, presbyteros et prebendarios et alios capellanos et clericos beneficiatos et non beneficiatos vel aliquos ex eis contingat´ mori absque ordinatione

---

(1) Tout ce qui précède dans les constitutions de 1345 manque dans le texte imprimé.

quacumque bonorum suorum predictorum in vita vel in morte quod bona omnia predicta ecclesiarum suarum et beneficiorum recipiantur per proximiorem rectorem defuncti (1) vel ejus vicarium, ipso absente a diocesi Aquensi, et per duos proceres parochianos ecclesie dicti defuncti eligendos secundum Deum et bonam conscientiam per ipsum rectorem (2), facto per eos in presentia notarii aut aliarum honestarum personarum prius legali inventario de eisdem, ac distribuantur in modum qui sequitur sine faude.

DIVISIO BONORUM DEFUNCTORUM

Primo, solvantur prefato domino episcopo qui nunc est, vel erit pro tempore, ratione legali, decem solidi morlanorum ; secundo, satisfacto de funeralibus defuncti, solvantur debita legalia dictorum defunctorum, de quibus liquebit per instrumenta vel alia legitima documenta, suis creditoribus.

Item retribuatur condigne servitoribus dictorum defunctorum de dictis bonis, inspecta servicii diuturnitate et attentis meritis eorundem. Quibus peractis, de residuo fiat divisio in tres partes ; quarum una sit fabrice ecclesie in qua defunctus erat beneficiatus. Alia pars distribuatur pauperibus loci illius ecclesie in qua erat beneficiatus. Reliqua pars proximis parentibus pauperibus dicti defuncti per eumdem rectorem (3) et dictos probos viros distribuatur. Bona autem capellani vel clerici non beneficiati per duos parentes proximiores distribuantur ejusdem et dentur prefato domino episcopo ante omnia et solvantur quinque solidi morlanorum.

Item pronunciamus et dicimus quod si dicti rectores vel beneficiati vel aliqui ex eis servierunt suis ecclesiis aut beneficiis (4) per se vel alios ab eis deputatos usque ad festum Pasche Domini inclusive et moriantur interim ante collectionem novorum grossorum fructuum quorumcumque, quod valeant et possint ordinare prout voluerint de medietate fructuum

---

(1) Dans le texte imprimé il y a « *recipiantur per archipresbyterum in cujus archipresbyteratu consistunt beneficia.* »

(2) T. imp. *archipresbyterum.*

(3) T. imp. *archipresbyterum.*

(4) T. imp. a omis *aut beneficiis.*

grossorum omnium non preceptorum, etiam carnalagiorum (1) suarum ecclesiarum et beneficiorum in estate proxima venienti, vel etiam in vita, dicto festo Pasche elapso, alia medietate servata successori futuro, cum de preceptis omnibus, ut premissum est, libere potuerit ordinare.

Item pronunciamus et dicimus quod si contingat dictos rectores, presbyteros prebendaris et alios superius expressatos vel aliquem ex eis mori post dictum festum Pasche vel in festo eodem absque ordinatione aliqua facta in vita vel in morte de medietate dictorum fructuum novorum grossorum proxime veniente non perceptorum etiam carnalagiorum quod dicta medietas fructuum venientium recipiatur et distribuatur per dictum proximiorem (2) et duos proceres predictos modo et forma predictis, in supra scripto articulo loquente de bonis defunctorum rectorum et aliorum decedentium absque ordinatione quacumque bonorum suorum.

Item dicimus et pronunciamus quod in recompensationem predictorum jurium eisdem rectoribus et aliis predictis civitatis et diocesis Aquensis, qui nunc sunt vel erunt pro tempore, per dictum dominum Aquensem episcopum pro se et suis successoribus Aquensibus episcopis, qui erunt pro tempore remittendorum et eorum cuilibet et aliarum gratiarum faciendarum eisdem modo et forma predictis, dicti rectores presbyteri et beneficiati alii qui nunc sunt et erunt pro tempore teneantur solvere et dare dicto domino Aquensi episcopo qui nunc est et successoribus suis Aquensibus episcopis, qui erunt pro tempore, in perpetuum anno quolibet in civitate Aquensi, vel alibi in diocesi eadem sex viginti regales auri perpetuos vel ipsorum valorem in moneta communiter currenti, videlicet quilibet predictorum rectorum et aliorum quorumcumque beneficiatorum pro parte sibi taxanda, solvendo medietatem in festo omnium sanctorum et aliam medietatem in dominica qua cantatur officium : *Quasi modo,* etc.

Item dicimus et pronunciamus quod omnia predicta et singula per nos pronunciata dicta et arbitrata seu etiam declarata teneantur et observentur inviolabiliter et sine fraude ex nunc perpetuis temporibus in futurum per dictas partes et earum successores, qui erunt pro tempore, et sub incurrimento pene in instrumento compromissi facti contente committende totiens quotiens ipsas partes vel earum aliquam contrarium

---

(1) Redevances dues sur les animaux élevés, surtout les porcs et les oies.
(2) **T.** imp. *archipresbyterum.*

facere aut venire contigerit, modo et forma in dicto compromisso contentis, et per omnia bona sua quecumque sint, ubicumque et quocumque nomine censeantur, ac omnia beneficia sua presentia et futura et personas proprias specialiter et expresse ad premissa obligandum.

Insuper nos arbitri arbitratores seu amicabiles compositores predicti protestamur expresse et etiam retinemus in omnibus supra dictis et per omnia beneplacita voluntatem et ordinationem domini nostri summi pontificis et reverendissimi patris in Christo domini archiepiscopi Auxitani contra quos non intendimus aliquid attemptare, nec in aliquibus obviare canonicis statutis, sed dictam ordinacionem facimus domini nostri summi pontificis et prefati domini archiepiscopi auctoritate et juribus semper salvis, mandantes nichilominus dicto domino episcopo et procuratori predicto dictorum rectorum prebendariorum et aliorum beneficiatorum predictorum quod hanc nostram pronunciationem et omnia alia hujusmodi negocium tangentia expresse homologent, ratificent et approbent nominibus quibus supra. Per presentem autem pronunciationem nostram (1) nos abbates arbitri arbitratores seu amicabiles compositores predicti nolumus nec intendimus juri nostro et nostrorum omnium quod habemus in quibudam ecclesiis Aquensis diocesis in quibus jus patronatus obtinemus ac rebus et bonis rectorum ipsorum ecclesiarum, qui nunc sunt vel erunt, propter aliquid prejudicare ; imo illud idem jus nobis et dictis omnibus volumus semper salvum et illesum remanere.

Quibus dictis pronunciatis et ordinatis per dictos dominos arbitros arbitratores et amicabiles compositores, modo et forma predictis, dictus dominus episcopus ibidem laudavit et homologavit expresse omnia et singula superius pronunciata per dictos arbitros pro se et successoribus suis Aquensibus episcopis de expresso consensu sui predicti capituli Aquensis sibi assistentis. Ibidem insuper voluit dictus episcopus quod omnes ordinaciones predicte valeant et sint perpetuo durature inter partes predictas et presentes et ipsarum successores et quod ad absentes dicte diocesis etiam extendantur. Et, dicti priores archipresbyteri, rectores et alii prius nominati et ipsorum procuratores, predictis nominibus quibus supra, pro se ac suis successoribus ac beneficiatis

---

(1) Ce qui suit jusqu'à l'ordonnance épiscopale *Bernardus Dei gratia* etc., n'a pas été conservé dans le t. impr.

laudaverunt, approbaverunt et homologaverunt expresse predicta omnia
et singula superius dicta pronunciata et etiam ordinata et suum
consensum et assensum pariter prefecerunt omnibus et singulis premissorum Et ibidem ad hujusmodi perpetuam memoriam premissorum predicti
priores archipresbyteri rectores et alii superius nominati, nominibus
quibus supra, in dicta synodo instancius requisierunt predictum dominum
episcopum et ipsum ulterius rogaverunt quatenus de premissis omnibus
et singulis superius ordinatis in eadem synodo cum eisdem de dicti sui
capituli beneplacito et assensu constitutionem facere synodalem irrevo-
cabilem et perpetuo duraturam quam inter alias constitutiones synodales
Aquenses duceret inserendam et quod predictis omnibus et singulis in
instrumentis faciendis suam autoritatem impertiretur et sigillum suum
temporale et capitulum aquense suum sigillum capituli et arbitri sua
sigilla quibus utuntur apponere dignarentur in verum testimonium
premissorum. Qui quidem dominus episcopus et capitulum et arbitri
predicti promiserunt expresse omnia singula veraciter facere et sigilla
sua apponere in eadem. Et ibidem predictus episcopus de premissis et
singulis premissorum una cum sua synodo clero et capitulo predictis
constitutionem synodalem fecit constituit publicavit et per modum qui
sequitur promulgavit.

De testamentis presbyterorum et clericorum

Bernardus Dei gratia episcopus Aquensis, ad perpetuam rei memoriam (1). Nostri pastoralis officii debitum remediis invigilat subjectorum :
quia dum eorum excutimus onera, dum scandala removemus ab ipsis, nos
in eorum quiete quiescimus et fovemur, et si multis et arduis pregravemur
negociis, curis excitemur innumeris, cogitationibus plurimis distrahamur,
circa id tamen ferventibus votis intendimus, vacamus attentius ac
operose studium sollicitudinis impertimur ut ad divini nominis gloriam,
exaltationem catholice fidei et profectum fidelium animarum, precisis
radicitus dissidiorum vepribus et litigiorum confractibus omnino subductis
inter nos et eos qui ad curam sunt et regimen gregis dominici deputati
et sic nobiscum in partem sollicitudinis evocati ceterasque personas,

---

(1) Cette ordonnance est reproduite dans le texte imprimé, mais elle est placée
avant la decision des arbitres.

quas ordo clericalis includit, pacis tanquillitas vigeat, fervor caritatis exestuet, invalescat concordie unitas, animarum idemptitas (1) perseveret. Scimus etenim quod non nisi pacis in tempore bene colitur pacis auctor, nec ignoramus quod dissentiones et scandala pravis actibus aditum preparant, rancores et odia suscitant et illicitis motibus ausum prebent.

Ab olim siquidem inter nos prefatum Aquensem episcopum pro nobis et ecclesie nostre nomine ex parte una [et] archipresbyteros, ecclesiarum, rectores, prebendarios, diachonos, subdiachonos, presbyteros et alios clericos beneficiatos et non beneficiatos civitatis et diocesis Aquensis, pro se et beneficiorum suorum nomine ex alia, gravi discordia suscitata, asserentibus nobis nostro et ecclesie nostre Aquensis nomine ad nos spolia et bona universa omnium et quorumlibet predictorum quomodolibet decedentium pertinere tam de jure (2) quam de usu per nos diutius observato et predictos vel aliquem eorumdem de predictis bonis nullum posse condere testamentum, vel de illis in morte disponere quoquo modo dictis archipresbyteris, rectoribus et aliis superius nominatis asserentibus ex adverso nobis et ecclesie nostre de jure vel de consuetudine nullum jus competere in eisdem, sed quod de illis sibi disponere ad libitum libere jam licebat, cum essent eorum beneficia valoris tenuis et exilis, ex quibus vix honeste poterant sustentari, et ex hiis inter nos et predictas

---

(1) Se lit dans les texte imprimé et manuscrit sans doute pour *indemnitas*.

(2) Nous ne savons trop sur quel droit se fondaient les pretentions de l'évêque. Les textes canoniques distinguent tres nettement entre les biens ecclesiastiques et les biens patrimoniaux des clercs. Autant ils leur interdisent de disposer des premiers à leur gre, autant ils leur reconnaissent le droit de faire des seconds même par testament tel usage qui leur plait. Pour les cardinaux et les evêques le droit de tester paraît moins évident, si on en juge par le nombre considerable d'autorisations de faire testament qui leur sont concedees individuellement par les papes Cf *passim* les divers registres des papes publies par l'Ecole française de Rome. Pour la question de droit on peut encore consulter dans le *Corpus Juris*. (*Decret. Grat* Pars II, causa XII, quaest IV et *Decretal. Greg. IX* Lib III, T. XXVI. *De testamentis et ultimis voluntatibu*). Quant a l'usage, il semble avoir été chez nous moins favorable a la liberte testimentaire des clercs. Mais des 1334 l'archevêque d'Auch devait reconnaître ce droit à ses prêtres et chez nous mêmes cette restriction semble être tombée en desuetude même avant l'episcopat de Bernard de Liposse. Les constitutions d'Arnaud de Ville, comme nous l'avons vu, défendent seulement aux prêtres de recourir à la plume des laiques pour la rédaction de leurs testaments, mais elles ne supposent pas chez eux l'incapacite absolue de tester. Neuf ans plus tard l'évêque d'Aire Delphin de Marquefave (vers 1354) devait aussi lever dans son diocese toutes les restrictions de ce genre.

personas multa scandala et dispendia manifesta fuerint jam exorta, nos pii patris more laudabili moleste ferentes incommoda filiorum et reducentes ad exacte considerationis examen ac infra pectoris claustra sollicite revolventes quam sit plena periculis, quam onusta dispendiis discordia supradicta, quod per experientiam noscimur comprobasse, in venerabiles et religiosos viros dominos abbates Deiville, de Canhota, necnon magistrum Laurentium de Sancto Johanne priorem de Capite Serbuno et Amaneum de Podio archipresbyterum Gosse nostro et nostre Aquensis ecclesie nomine compromittendum duximus de nostri capituli expresse consensu habito et obtento in et super premissis. Et discretus vir dominus Dominicus de Adura rector ecclesie de Bediossa procurator et procuratorio nomine predictorum cum potestate compromittendi plenaria ab eisdem ipsis ratificantibus et expresse consentientibus coram nobis prout nobis constitit de ipsius potestate in eosdem nobiscum nichilominus compromisit sub certa pena prout hec et alia in instrumentis publicis super hiis confectis latius sunt expressa.

Qui quidem arbitri arbitratores nobis et nostro capitulo pro parte nostra nostroque et Aquensis nostre ecclesie nomine presentibus et predicto procuratore pro parte nichilominus predictorum. Et requirentibus cum instantia qua decebat per arbitros prenominatos laudum arbitrium in et super premissis sententialiter promulgari et alias dictum negotium diffiniri, juxta eis per partes predictas in dicto compromisso traditam potestatem ad suum laudum pronunciationem dictam et arbitrium per modum qui sequitur processerunt.

Unde nos arbitri arbitratores seu amicabiles compositores etc. Tenor ejusdem superius est descriptus (1). Nos igitur attendentes quod ea que judicio seu concordia aut arbitragii via sedantur firma debent et illibato persistere et, ne satore malorum operum procurante in recidive concertationis scrupulum relabantur, constitutionis publice et perpetuo durature oportet testimonio et publicarum scripturarum ac singulorum consensus presidio communiri. Eo presertim attento quod natura hominum prona est ad dissentiendum et labilis ad delicta predictam pronunciationem et arbitrium et alia universa et singula que inter nos et eos per dictos arbitros in premissis gesta fuisse noscuntur, assistentibus nobis predictis

---

(1) Dans le t. imp. on lit : « Tenor cujus in quodam publico instrumento est descriptus ».

dominis canonicis Aquensibus capitulantibus et capitulum facientibus nobiscum et venerabilibus viris dominis abbatibus et procuratoribus aliorum absentium et prioribus, archipresbyteris et ecclesiarum rectoribus et aliis beneficiatis dicte diocesis universis synodum nobiscum in aula nostra episcopali Aquensi facientibus et super premissis tractandis et expediendis specialiter publice et expresse convocatis et etiam congregatis consensu et auctoritate omnium unanimi et concordi predicta omnia et singula una cum predictis et nostro capitulo, ut est dictum, et toto clero Aquensis ecclesie et expresse de jure nostro et ecclesie Aquensis certificati duximus approbanda, statuenda et futuris temporibus perpetuis pro nobis et nostris successoribus Aquensibus episcopis et ecclesie nostre Aquensis nomine et pro ipsis et per eos et eorum singulos ac ipsorum beneficia et etiam successores inviolabiliter illa decernimus observanda, ut, quod nobis licere non patimur, nostris successoribus indicamus et constitutionem ac statutum una cum eis solempniter approbamus et constituimus et facimus de premissis et singulis premissorum, de nostri capituli expresso consilio et assensu.

Decernentes hanc presentem nostram constitutionem quam auctoritate nostra et aliorum qua possumus et debemus, roboramus, publicamus et perpetuo solidamus, et etiam stabilimus et vires perpetue et publice constitutionis ac statuti volumus obtinere, inter alias nostras synodales constitutiones nichilominus inserendam, nullo unquam tempore revocandam ne qui super hiis se confingat per ignorantiam excusari.

Publicata fuit hec constitutio per predictum dominum Aquensem episcopum in aula sua episcopali Aquensi synodum solenniter celebrantem, anno Domini Mil CCCXLV. IX die introitus mensis Augusti (1).

Postea dicti beneficiati et dicti insuper procuratores nominibus quibus supra me notarium infra scriptum [rogaverunt] quod eisdem et singulis eorumdem ipsorum successoribus et cuilibet eorum retinerem, conficerem et traderem requisitus de premissis omnibus et singulis supra dictis unum duo vel plura instrumenta ejusdem tenoris et veritatem testarer premissorum. Acta fuerunt hec IX die mensis augusti, anno, in dictione pontificatu, loco et testibus presentibus quibus supra (2).

---

(1) Ici se place dans le texte imp. la décision des arbitres.

(2) Ici s'arrête le manuscrit. Ce qui suit ne nous est donc connu que par le texte imprimé.

CONSTITUTIONS SYNODALES DE 1351

Anno domini M CCC LI, in synodo die Mercurii post festum Ascensionis Domini, in ecclesia majori Aquensi facte et publicate fuerunt constitutiones infrascripte per reverendum in Christo patrem dominum B[ernardum] Dei et sedis apostolice gratia Aquensem episcopum, quarum constitutionum tenor sequitur in hec verba.

DE SYNODO CELEBRANDA

Cum pullulent errores et vicia pro eo quia non fiunt nec frequentantur synodalia consilia, nec crimina puniuntur, idcirco statuimus et ordinamus ut annuatim (1) videlicet die Martis post festum beati Luce evangeliste in nostra civitate Aquensi synodus solempniter celebretur et singuli beneficiati nostre Aquensis diocesis illa die previa sufficienti citatione venire ad synodum teneantur.

DE CLAVIGERIS (2) FABRICARUM

Quoniam per administrationem clavigerorum indebitam bona ecclesiarum ad fabricas pertinentia irrecuperabiliter dilabuntur, ea propter statuimus, ordinamus, et sub pena excommunicationis mandamus quod clavigeri cujuslibet ecclesie nostre Aquensis diocesis annuatim mutentur : et novi quos duos et ydoneos esse volumus assumantur, et in principio sue creationis jurent se jura bona proventus et redditus dicte ecclesie ad fabricam pertinentes fideliter et legaliter ministrare et in utilitatem dicte ecclesie et non in alios usus pro posse convertere aliis parochianis non mutuare, utilia procurare et inutilia evitare.

Item ordinamus quod in archa communi dicte fabrice pecunia statim, dum recepta fuerit, et alia bona mobilia includantur et sint due claves et

---

(1) Cette prescription est d'accord avec le droit général (*Décret.* Grég. IX et V. Tit. I, c. XXVI.) et avec le décret du concile provincial de Nogaro (1293) V. *Const. provinc.* f⁰ XIV r⁰.

(2) Les Claviers étaient les marguilliers des fabriques, c'étaient encore dans les chapitres les économes ou les représentants temporels des chapitres.

due sere quarum unam deferat rector ipsius ecclesie et aliam deferant clavigeri antedicti. Et in abstrahendo pecuniam et alia bona a dicta archa vocentur duo vel tres probi viri dicte parochie preter rectorem et clavigeros ante dictos et in fine anni clavigeri prefati rectori et dictis probis viris et novis clavigeris nec non et nobis, dum per nos fuerint requisiti, legale computum de impensis et receptis juramento medio reddere teneantur. Contrarium facientes ad restitutionem plenariam teneantur et indignationem omnipotentis Dei et excommunicationis penam se non dubitent incursuros.

DE INTERDICTIS

Item ordinamus quod cum culpa domini temporalis vel patrisfamilias frequenter familiam supponi ecclesiastico interdicto contingat, proles intra septennium existe tes aut illos qui tempore late sententie de familia minime existebant vel erant, sed conductitii et postmodum audita sententia laqueum ipsius evadere cupientes servire dimittunt. nullatenus ligari volumus nec supponi sententie interdicti.

DE CELEBRATIONE MISSARUM

Item cum infra octavas festi corporis Christi responsorium : *Deus omnium* secundum regulam Aquensis ecclesie inchoetur, ordinamus quod propter indulgentiarum merita in sequenti dominica post octavas amodo inchoetur ; officium vero diurnum pariter et nocturnum duorum dierum sequentium post octavas, nisi festum supervenerit, ut in sexta feria et sabbato de octavis volumus celebrari.

DE DEBERIIS DEFUNCTORUM

Ad decidendum altercationes et dubia que inter rectores parochialium ecclesiarum et eorum parochianos super deberiis defunctorum ipsis rectoribus debitis in nostra Aquensi diocesi frequenter insurgunt, declarando consuetudinem generalem que, ut plurimum, in eadem diocesi observatur et approbando eam tamquam juri consonam et rationi, sic distinguendo duximus statuendum. Aut defunctus erat infra annos discretionis, puta septennium, nec erat doli capax, et tunc cum non egeat suffragiis ecclesie, deberia non solvantur, nisi et in quantum fuerit consuetum, sicut est consuetudo in aliquibus parochiis de infantibus sui juris et dominis hereditatum ut pro eis faciant suffragia, saltim eorum amicis defunctis et parentibus profutura et deberia persolvantur.

Si vero ad annos discretionis pervenerat et erat doli capax, si habeat quoquo modo seu undecumque aliquid proprium, fiant pro eo suffragia ecclesie, cum eis tanquam peccator indigeat, et per consequens deberia persolvantur, in quantum ejus suppetunt facultates ; cum enim caritas ordinata incipiat a seipsa : commodius est et rationi convenientius : ut de bonis suis ejus subveniatur anime quam quod ad alios passim bona hujus modi devolvantur.

Si autem nil habeat re sed tantum spe, utpote quia erat filius familias heres futurus, tunc fiant suffragia et solvantur deberia. Si vero erat filius familias non heres, nec adhuc pubes, solvatur tantum terragium magnum (1), nec alia majora deberia persolvantur, nisi parentes ejus vel amici eum majoribus et solempnibus officiis voluerint honorari. Sed si jam erat pubes, puta vir in XIV° anno, mulier in XII° vel ultra, fiant solempniter officia, orationes ecclesie et suffragia, et per parentes, si solvenda sint, et deberia ejus persolvantur. Verumtamen si erat doli capax pubes pauper non habens aliquid re vel spe quia erat sui juris, vel erat filius familias habens parentes notabiliter pauperes, tunc pro eo amore Dei fiant suffragia, et ministrentur ecclesiastica sacramenta, et fiant officia, et deberia minime persolvantur. Hoc tamen proviso ante omnia quod in premissis casibus per capellanos rectores et ecclesiarum ministros gratis et libere absque ulla exactione, pactione, conventione, transactione, compositione, fidejussione, seu obligatione quacumque precedente celebrentur exequie et alia divina officia et conferantur ecclesiastica sacramenta, ne crimine nephando simonie valeant annotari. Sed ex post facto compellantur layci prefatas laudabiles consuetudines devotione fidelium introductas et presenti nostra constitutione declaratas effectualiter observare.

Per hec autem non credant dicti rectores et capellani ad exigenda et extorquenda nova in suis parochiis et insolita deberia sibi licentiam quomodolibet attributam.

---

(1) Le terrage ou champart était une redevance prélevée sur les terrains ensemencés.

Constitutio domini (1) Benedicti pape XII super procurationibus recipiendis posita in effectu pro majori sui parte

Benedictus etc. vas electionis Paulus etc... Statuimus quod cum in Francie, Navarre et Majoricarum regnis ac ceteris provinciis ac partibus adjacentibus et vicinis eisdem, Archiepiscopi et episcopi aliique prelati, quibus id de jure vel de consuetudine competit, suos subditos personaliter, visitabunt : iidem archiepiscopi a suis et (2) suffraganeorum suorum cathedralibus ecclesiis pro procuratione unius diei, sive in victualibus, sive a volentibus in pecunia ultra trecentorum : a monasteriis vero ac ecclesiis, vel prioratibus secularibus vel regularibus habentibus collegium duodecim vel plurium personarum, ultra ducentorum quinquaginta. Ab habentibus vero pauciorum (3) personarum collegium seu conventum et quibuslibet aliis ecclesiis, prioratibus et locis, ultra ducentorum. Episcopi vero ab ecclesiis cathedralibus, ultra ducentorum. A monasteriis etiam et ecclesiis aliis ac prioratibus secularibus vel regularibus collegium habentibus XII vel plurium personarum, ultra centum sexaginta (4). Ab

---

(1) La Constitution, dont il est ici donné un résumé, est datée du XV des calendes de janvier de la 2e année du Pontificat de Benoît XII à Avignon. (18 Décembre 1336). Elle est rapportée tout au long, parmi les *Extravag. communes*. Lib. III, Tit. X. *De censibus exactionibus et procurationibus* Les *procurationes*, dont il est ici question, sont les droits de visite dus aux dignitaires ecclésiastiques. Ces droits donnèrent lieu à des abus contre lesquels ne cesserent de lutter les conciles et les papes du moyen-âge. Il serait trop long de citer tous les textes. Voici seulement comment était réglementé pour les archidiacres l'exercice de ce droit dans la province d'Auch . « Ex querelis plurimorum rectorum ecclesiarum intelleximus quod archidiaconi in suis archidiaconatibus, ubi ad eos pertinet visitationis officium, impendentes ex multitudine onerosa quam secum tunc ducunt et quam expediat vel deceat gravanter nimium in expensis. Nos volentes super hoc utiliter providere rectoribus parrochialium ecclesiarum...... sacro approbante concilio, duximus statuendum ut nullus archidiaconus dum visitet suum archidiaconatum ultra quinque equitaturas, in quibus salmerium si ducit intelliganus, cum quinque garsionibus peditibus, non cum canibus vel avibus venatoriis secum ducat et pro illis tantum procurationem in victualibus non somptuosam vel in pecunia nisi a volente dare pro una procuratione integra triginta solidorum turonensium parvorum vel valorem taxamus una die recipiat a visitata ecclesia ». *Constit. provinc. Aux*, f° ix r°.

(2) Le texte des *Extravagantes* (Edit. Jo. Frederici Gleditschii 1705, T. II, p. 412. Juxta exemplar Petr. Pithoei) porte *vel*.

(3) Les *Extravagantes* ont *paucarum*.

(4) Dans les *Extravagantes* centum et quadraginta.

habentibus vero pauciorum collegium personarum et quibuslibet aliis ecclesiis, prioratibus et locis, ultra centum quinquaginta (1). Abbates quoque a monasteriis habentibus collegium XII vel plurium personarum, ultra centum. Ab aliis vero habentibus minus collegium, ac ecclesiis, prioratibus et locis quibuscumque, ultra octoginta. Archidiaconi vero ultra triginta quinque. Archipresbyteri vero ultra octo turonensium argenti valorem recipere non presumant.

Si vero prefati archiepiscopi et prelati alii ex privilegio apostolico per alios visitare et procurationes recipere valeant in pecunia numerata; iidem archiepiscopi a suis et aliis cathedralibus ecclesiis, ultra centum et XX. A monasteriis vero et ecclesiis aliis, ac prioratibus secularibus vel regularibus habentibus collegium duodecim personarum vel plurium ultra centum. Ab habentibus vero minus collegium ultra octoginta. Episcopi etiam ab eisdem ecclesiis, monasteriis, prioratibus atque locis, ultra octoginta. Abbates, ultra sexaginta ; archidiaconi, ultra triginta turonensium grossorum (2) valorem non recipiant quoquo modo (3); Ita quod expense seu sumptus universi, seu taxatio pecuniaria unius procurationis, videlicet totius diei in pecunia, vel victualibus et necessariis aliis, ultra dictas summas vel taxationes seu valores earundem pretextu cujusvis consuetudinis non ascendant, vel ab ipsis prelatis, vel familiis (4) eorundem quicquid exigere vel recipere liceat etiam a volente. Nostre tamen intentionis existit quod si ex conventione, vel consuetudine, ecclesie tam cathedrales quam alie quelibet seu persone prelatis quibusvis visitantibus, ut prefertur, minus debeant vel consueverint solvere, quam per nos superius est statutum, ad solvendum ultra conventionem vel consuetudinem nullatenus astringantur ; proviso nichilominus quod in locis quibuslibet, secundum quod major vel minor copia rerum fuerit in eisdem, nec non juxta majorem vel minorem personarum et evectionum hujusmodi visitantium quantitatem expensarum majorum vel minorum, debita moderatio teneatur, ita tamen, quod majores expense non excedant summam superius limitatam.

---

(1) Dans les *Extrav.* centum et quadraginta.

(2) Dans les *Extrav.* au lieu de *grossorum* on lit *argenti*.

(3) Dans les Constitutions intégrales de Benoît XII suivent des dispositions relatives à l'Allemagne, l'Angleterre, la Hongrie, la Bohême, la Pologne et autres pays du Nord.

(4) Dans les *Extrav.* on lit *familiaribus*.

Insuper omnibus episcopis et aliis superius nominatis visitantibus, ne ultra conventionem vel consuetudinem hujusmodi circa personas et loca ubi fuerint, nec ultra moderationes et taxationes predictas quicquam presumant recipere, districtius inhibemus. Volentes etiam constitutionem presentem pene adjectione juvari, statuimus quod si dicti visitantes per se, vel si ex privilegio per alios visitationis officium exercuerint, et procurationes receperint, ipsi vel familiares eorum ultra moderationes vel taxationes predictas aliquid scienter exegerint, vel receperint etiam a volente, duplum hujusmodi quod ipsis iidem prelati vel ipsis scientibus aut ratum habentibus, eorum familia taliter exegerint vel receperint, infra duos menses post receptionem seu scientiam hujusmodi ecclesiis, a quibus illa receperint restituere teneantur. Et idem de his qui pro ipsis prelatis visitationis officium exercebunt, si per se vel alios ultra moderationes vel taxationes predictas quidcumque exegerint seu receperint etiam a volente, alias duplum ipsum ultra dictum tempus restituere differentes, prelati ingressum ecclesie sibi noverint interdictum. Hi vero pro dictis prelatis visitationem hujusmodi, ut premittitur, exercentes, ab officio et beneficio noverint se suspensos, quousque gravatis ecclesiis, seu locis de hujusmodi duplo plenariam satisfactionem impendant nulla in his donantium remissione, liberatione seu gracia valitura.

Ceterum, moderationes et taxationes hujusmodi in illis locis volumus observari, in quibus id fieri poterit secundum ecclesie, monasterii et loci alterius facultates. In aliis autem tantam precipimus modestiam adhiberi, quod per hec que ad exonerationem locorum et ecclesiarum facienda previdimus eis non debeat prejudicium generari, nec per hec dicti prelati exigendi, amplius quam ipsi subditi pati possint, indultam sibi extiment potestatem.

Premissis quoque adjiciendo statuimus quod si dicti prelati vel aliquis eorundem ex apostolica indulgentia vel consuetudine seu de jure petant sibi ab ecclesiis, monasteriis et locis aliis ecclesiasticis eorumque capitulis, collegiis, vel conventibus, rectoribus, seu personis moderativum seu caritativum subsidium exhiberi, non possint a singulis ecclesiis, monasteriis, locis pro subsidio hujusmodi ultra petere et recipere, etiam a volente, nisi quantum ascenderent singule procurationes in pecunia per nos superius moderata, quas iidem prelati reciperent quando ex privilegio per alium visitarent.

Porro turonenses predictos tales fore intelligimius quod duodecim ipsorum valeant unum florenum bonum et puri auri legalis ponderis cugni Florentie etc. Nulli ergo omnino hominum liceat etc.

DE OFFICIO BEATE VIRGINIS MARIE IN SABBATO CELEBRANDO

Cum beatissima virgo Maria mediatrix Dei et hominum venie impetratrix et adjutrix sit precipua peccatorum, statuimus et ordinamus ut qualibet die sabbati in quo non intervenerit festum novem lectionum vel octave precipue, dicatur in solidum solempne officium virginis gloriose novem lectionum, nocturnum pariter et diurnum juxta dispositionem et temporis qualitatem, ut videlicet a festo Assumptionis usque ad festum Nativitatis dicatur officium de Assumptione et sic deinceps, prout festorum beate Marie virginis ordo inquiret, excepto tamen tempore Adventus et Quadragesime et jejuniorum quatuor temporum, in quibus modum solitum volumus observari.

DE FESTIS COLENDIS

Ad divini cultus augmentum, cum pene adjectione omnes dies dominicos et ceteros solempnes majestati divine et sanctis deputatos a vespera in vesperam (1) reverenter coli precipimus, et in eis ab omni servili et mundano opere abstinere, nisi forsan evidens famis, funeris, infirmitatis, vel alia notabilis urgeret necessitas, vel pietas suaderet vel esset res propter inundationem aquarum seu ventum validum vel alias illo tempore peritura.

Si quis vero, cessante dicta necessitate vel pietate vel alia premissa causa excusabili et legitima, die dominica opus rurale vel mecanicum vel vel aliud servile lucri seu cupiditatis causa publice exercuerit, vel merces publice vendiderit, seu venales publice exposuerit, vel ad mercatum portaverit, nisi sit coquus carnifex, vel panifex, vel similis qui humana necessitate excusantur, sive qui impudenter Deum vel virginem Mariam publice blasfemaverit, excommunicatus sit ipso facto ; a qua excommunicatione non absolvetur, donec unum cereum accensum unius libere cere vel minoris quantitatis ad arbitrium rectoris parochialis offerat humiliter

---

(1) Mêmes prescriptions dans le droit général V. *Decretal.* Grég. IX, Lib. II. Tit. IX **De feriis.**

ad altare ; cui quidem rectori seu ejus vicario quoad hanc absolutionem concedimus potestatem.

In civitate vero Aquensi et ejus suburbiis dictum cereum offerri volumus ad altare capelle virginis Marie de capite (1) pontis Aquensis et absolutionem per nos tantum vel officialem nostrum Aquensem prestari, exortantes judices seculares ut appositione pecuniarie pene vel corporalis nobis in premissis coadjutores existant.

De clericis conjūgatis

Propter scandala, altercationes et dubia (2) que frequenter super privilegiis clericorum conjugatorum insurgunt, juxta dispositionem juris communis (3), statuimus et ordinamus quod clerici conjugati etiam cum unicis et virginibus nullo gaudeant privilegio clericali, nisi tonsuram et vestes insimul deferant clericales, preterquam si ex justa et rationabili causa, utpote justa causa timoris, seu propter libratam alicujus notabilis domini ecclesiastici vel mundani, videlicet Episcopi, Senescalli, Baronis, vel alterius superioris gradus seu propter paupertatem vel aliam necessitatem, seu propter infirmitatem vel debilitatem, capitis calviciem, pilorum carentiam seu aliam justam causam et rationabilem tonsuram dimitterent seu clericalem habitum transformarent ; tunc enim ac si portarent, cum ex causa dimiserint, eos gaudere dicto privilegio volumus, sicut prius excommunicantes et excommunicatos publice denunciari precipientes omnes et singulos consules, juratos, baiulos, et alios judices seculares contra presentem nostram constitutionem veniendo prefatos clericos capientes seu alias per violentiam detinentes.

---

(1) Cette chapelle de la Vierge du bout du pont, existait déjà au onzième siècle. Elle était située sur l'emplacement occupé aujourd'hui par les maisons Craste et Marcadieu

(2) Des difficultés de ce genre n'étaient pas rares comme on peut le voir par les décisions que dut prendre Jean de Lacastre sénéchal de Guyenne, le 29 Octobre 1389, au sujet des clercs mariés de Dax Mais ce texte montre trop aussi que les meilleures Constitutions Synodales tombaient vite en désuétude Voir Arch. mun. de Dax, Livre rouge, fol. LXVII et s. Cf. F. Abbadie. *Histoire de la commune de Dax.* Bull. de la Soc. de Borda 1897, p. 144.

(3) La disposition du droit commun à laquelle il est fait allusion est le Titre 11. *De clericis conjugatis* qui est constitué tout entier par une décrétale de Boniface VIII (c. an 1298). *Sexti decretal.* L. III. *De vita et honestate clericorum.*

De sententia fxcommunicationis

Cum excommunicati in vilipendium, contemptum et enervationem censure ecclesiastice et in vita et sanitate de absolutione et reconciliatione non curent, cogitantes et impudenter asserentes se saltim in infirmitate seu morte, etiam invitis excommunicatoribus et creditoribus, absolvendos, ea propter statuimus ut si quis excommunicatus publice ab homine vel a jure per annum in excommunicatione steterit, etiam si in mortis articulo absolutus fuerit, usque ad condignam satisfactionem ecclesiastica careat sepultura. Talem insuper sepelientes scienter, si layci, sint excommunicati; clerici vero ab officio et beneficio sint suspensi.

De usurariis

Item excommunicamus et excommunicatos publice denunciari mandamus omnes et singulos usurarios manifestos aliquid ultra sortem recipientes seu fructus pignorum in casu non permisso, deductis expensis, a jure in sortem non computantes, et eos pena contra manifestos usurarios in jure (1) edita decernimus puniendos (2).

CONSTITUTIONS DE 1360

Annno domini Mille ccc lx die Martis post festum beati Luce evangeliste in ecclesia cathedrali Aquensi, in publica synodo facte publicate fuerunt infrascripte constitutiones per reverendum in Christo

---

(1) On voit ici une nouvelle preuve du discrédit dans lequel tombaient les anathèmes en notre pays comme ailleurs. D'autres conciles et synodes (cf. **Mansi** *Concilia* T xxiv col. 307, 310, 467, 474) avaient dû se préoccuper de cet état des esprits. Le pape **Martin IV** dût recommander de moins prodiguer les excommunications. Froissard nous montre combien les excommuniés de son temps escomptaient les facilités de l'absolution finale. « Ils ne font point, dit-il, trop grant compte des pardons lors au détroit de la mort » *Chroniques*, Liv. ii c. 207.

(2) On trouvera dans les Décrétales Grég. IX. (Lib. v, T. xix. *De usuris)*, les diverses peines portées dans le droit canonique contre les usuriers.

Apres les Constitutions de 1351 il en aurait été fait d'autres vers 1355, s'il fallait en croire le *Gallia Christiana* (T. 1 p 1064), elles auraient même provoqué les protestations de l'abbé de Sorde qui en appela au Saint-Siège. Compaigne (*Dyptiche* . p. 69) parle aussi des Constitutions données en 1358 par l'évêque de Dax, Mathieu (?). De celles-ci, pas plus que des précédentes — si elles ont existé — il ne nous est rien resté. Le texte imprimé n'en fait pas la moindre mention.

patrem et dominum Petrum Iterii (1) Dei gracia episcopum Aquensem. Quarum constitutionum tenor sequitur per hec verba.

DE BENEFICIIS ECCLESIASTICIS CONFERENDIS

Quia jura civilia dicunt quod quis non debet esse sollicitus de hereditate viventis, cui consonat decretalis (2) inhibens quod quis viventis beneficium nullatenus ambiat seu a collatore petatur, statuimus quod quicumque petens beneficium viventis a collatore, seu ab habente conferendi potestatem in penam sue ambitionis ab assecutione illius beneficii, quod sibi importune postulat, perpetuo sit exclusus. Et hanc constitutionem infra mensem volumus per rectores nostre diocesis in suis ecclesiis publice publicari.

DE SORTILEGIIS ET BREVIUM PORTANTIBUS CITANDIS PER RECTOREM

Item quia ut percepimus in nostra diocesi sunt plures sortilegi, divini et brevium (3) portantes, que omnia jura divina et canonica multum prohibent et abhorrent, et nos nequeamus, sicut Deo placet, de presenti (4) nostram diocesim visitare, statuimus quod quilibet rector in sua parochia possit oraculo vive vocis prefatos tales maleficos citare coram officiali nostro ad certam diem, cujus relationi litteratorie sub sigillo suo vel sue ecclesie sigillate fidem dari volumus [perinde] ac si per litteras nostre curie citatio facta esset.

DE LUSORIBUS ET VENDENTIBUS MERCIMONIA INFRA ECCLESIAM VEL CIMITERIUM CLAUSUM

Item quia scriptum est quod domus mea domus orationis vocabitur, vos autem fecistis eam domum negociationis, et ad nostram ecclesiam

---

(1) Pierre Itier fut évêque de Dax de 1359-1362. Voir nos *Evêques de Dax (sous presse)*

(2) La Décrétale dont il est ici question émane du Concile de Latran de 1179, canon VIII. Elle a été recueillie dans le Livre III des Décrétales de Grégoire IX, Tit. VIII, *De concessione praebendae et ecclesiae non vacantis.*

(3) Par *brevium* ou *breve* on désignait des caractères magiques « Divinationis, sortilegia, auguria sive in votis quæ *Brevia* seu caracteres vocant » Concil. Trevir ap. Mart. T IV. Anecd. col. 25*i*. V. Ducange v° *Breve*

(4) Dix jours avant la tenue du synode, Pierre Itier venait d'être créé cardinal du titre des *Quatre saints couronnés* (17 septembre 1361) par le Pape Innocent VI. En ce moment absent d'Avignon, l'évêque de Dax ne dut pas tarder à se mettre en marche pour s'y rendre puisqu'il faisait son entrée solennelle à la cour pontificale le 4 novembre suivant. Voilà pourquoi il lui était impossible de visiter en ce moment son diocèse.

cathedralem omnes de nostra diocesi habent confluere pro reverentia tanquam matrici ecclesie impendenda et ipsi postea in mercatis et nundinis eam vituperant vendendo et emendo ibi pelles mortuas et alia mercimonia inhonesta, ordinamus et statuimus quod quicumque infra ecclesiam seu claustrum vel cimiterium clausum teneat mercimonia aliqua pro vendendo, quod sic tenens in X solidis morlanorum puniatur ; de quibus X solidis habeat II solidos revelans sic tenentem, et VIII solidi applicentur fabrice ecclesie sic offense. Et idem statuimus de lusoribus in ecclesia et cimiterio clauso vel non clauso supradictis.

CONSTITUTIONS DE 1401

Anno Domini Mil CCC[C] I (1), XXVIII mensis septembris in aula episcopali Aquensi toto clero diocesis Aquensis convocato et existente in synodo facto et celebrato per reverendum in Christo patrem dominum Garsiam Arnaldi, Dei et apostolice sedis gracia episcopum Aquensem, assistentibus sibi et presentibus venerabilibus capitulo Aquensi ecclesie et omnibus abbatibus de voluntate, assensu et ordinatione expressis totius cleri predicti publicate fuerunt constitutiones que sequuntur.

DE FRUCTIBUS BENEFICIATORUM DEFUNCTORUM

Et primo cum pullulent et accidant de die in diem atque oriantur multe altercationes super fructibus beneficiatorum decedentium que tota seu pars eisdem defunctis pro peracto servicio debeatur, statuimus quod si rectores, diachoni, subdiachoni, scolastici seu alii beneficiati moriantur aut decedant extante festo Pasche Domini, [sed] attingant viventes diem festivitatis predicte, quod cedat eisdem defunctis seu heredibus vel executoribus eorum medietas bladi grossi et animalium. Et si dicti beneficiati vivant tantum quod attingant diem nativitatis beati Johannis Baptiste bladum grossum et omnia animalia illius anni eisdem decedentibus seu executoribus, ut prefertur, cedant. Si autem tantum

---

(1) **Vr.** l'introduction.

vivant quod attingant primam diem Augusti, tunc cedant eis et lucrentur omnes apes et medietatem vini et pomascii (1). Si vero pervenerint ad diem festivitatis Assumptionis beate Marie, tunc lucrentur et habeant medietatem bladi minuti. Et si attingant aut perveniant ad primam diem mensis octobris, habeant et lucrentur totum bladum minutum. Item statuimus de prebendis seu capellaniis et aliis beneficiis simplicibus quod quisque prebendarius seu capellanus aut quicumque aliu3 simplex beneficiatus decedens seu ejus heredes et executores habeant et recipiant omnes et singulos fructus, feuda et census, jura, redditus et deberia secundum ratam seu quotam temporis quam beneficiatus decedens vixerit et deservierit sine quacumque contradictione, et hoc pro debitis et necessariis suis et sepulture sue supportandis.

Item statuimus quod notarii curie nostre jurati valeant et possint proponere et ut procuratores comparere et causas defendere pro beneficiatis quibuscumque nostre diocesis Aquensis, et hoc dumtaxat quando ipsi beneficiati agunt seu defendunt beneficiorum suorum jura seu fructus aut deberia eis ratione ipsorum beneficiorum pertinentia.

Item statuimus quod omnia jura et deberia leprosorum sive giesitarum (2) defunctorum duplicentur et solventur rectoribus eorumdem, attento et considerato, quod predicti rectores nulla jura personalia ab eisdem recipiunt.

Et fuerunt notarii ad hoc requisiti super publicatione dictarum constitutionum, magistri Johannes de Busqueto, Stephanus de Gonte (3), Raymundus de Vinea, presentibus domino Bertrando de Ativo canonico bajonensi, dominico de Beneruco notario Aquensi oriundo et pluribus testibus etc.

DE DECEM PRECEPTIS DECALOGI (4)

Et ad ampliorem rectorem ecclesiarum et clericorum informationem scire oportet quod decem sunt precepta legis que in duobus mandatis

---

(1) Cidre de pomme, pomade.

(2) D'après ce texte les *giesitains, gahets, capots* ou *cagoths* étaient alors considérés comme lépreux.

(3) Pour l'identification de ces noms voir l'Introduction.

(4) Ce qui suit est une sorte de petit catéchisme dont les éléments, comme nos recherches nous l'ont fait découvrir, ont été empruntés aux actes du concile de

caritatis continentur, scilicet in dilectionem Dei et proximi ; de quibus dicit psalmista in psalterio decem cordarum *Psallam tibi* et alibi in psalterio decacordo *Psallam tibi,* id est in decem preceptis. Quorum quidem preceptorum tria sunt in prima tabula pertinentia ad cognitionem Trinitatis et dilectionem. Et eorum primum est : Non habebis deos alienos id est non facies tibi sculptile, neque omnem similitudinem. Et istud preceptum precipue refertur ad personam Patris, secundum preceptum est pertinens ad personam Filii, scilicet non assumes nomen Dei tui in vanum quod est dicere secundum litteram : Non jurabis pro nichilo nomen Dei. Spiritualiter vero precipitur non putes Dei Filium creaturam tantum esse, quia omnis creatura vanitati subjecta est, sed equalem Patri secundum Deitatem, minorem vero secundum humanitatem. Tertium preceptum est et refertur precipue ad Spiritum Sanctum, scilicet memento ut diem sabbati sanctifices, ubi secundum litteram precipitur sabbati observantiam, spiritualiter vero sabbatum interpretatur requies, ut hic sit a vitiis requies et in futuro Dei contemplationem expectes scilicet Spiritu Sancto, id est, ex caritate et a dono Dei. Primum preceptum quod est de uno Deo colendo pertinet ad Patrem in quo est unitas vel auctoritas, secundum ad filium in quo et equalitas, tertium ad spiritum sanctum in quo est utriusque communitas. Accepit enim ecclesia hoc donum a Spiritu Sancto, ut in Spiritu Sancto fiat remissio peccatorum.

Septem alia precepta pertinentia ad proximi dilectionem sunt in secunda tabula. Quorum primum ad carnalem patrem pertinet, quod est : honora patrem tuum et matrem ut sis longevus super terram. Secundum est : non occides. Tertium est : non mecaberis, id est non alicui mulieri miscearis carnaliter, excepto federe matrimonii ; Quartum est non furtum facies ubi sacrilegium rapina, et omnis usurpatio rei aliene prohibetur. Quintum est : non loqueris contra proximum tuum falsum testimonium, ubi crimen mendacii et perjurii prohibetur. Sextum preceptum est : non desiderabis uxorem proximi tui. Et differt ab illo

---

Lavaur. Ce concile réunit en 1368 les évêques des trois provinces d'Auch, de Narbonne et de Toulouse L'évêque de Dax, Jean de Saya (1363-1375) y fut representé par procureur. On a résumé ici, quelquefois sans changer les termes, le chapitre Ier *De fide catholica.* V. *Conciliorum amplissima* collectio. Mansi 1784. T. xxvi, col. 484-493.

precepto « non mecaberis » quia ibi factum reprehenditur, hic concupiscentia et voluntas. Septimum est : non concupisces domum proximi tui non servum nec ancillam etc. Et differt ab illo precepto « non furtum facies » quia ibi factum, hic voluntas et concupiscentia prohibetur ; unde versus (1).

> Unum crede Deum, ne jures vana per ipsum
> Sabbata sanctifices, venerare parentes.
> Non mecaberis, non furtum facies,
> Non sis occisor. Non testis iniquus.
> Non cupias sponsam, nec rem quam scis alienam.

DE ARTICULIS FIDEI

Quia sine fide impossibile est Deo placere, eo igitur attendant ecclesiarum rectores, clerici et fideles universi ut fidem habeant et observent que in collectione articulorum consistit. Et, omissis aliis opinionibus, articuli fidei taliter distinguntur et in universo quatuordecim sunt articuli quorum septem pertinent ad divinitatem et alii septem ad humanitatem. Primus articulus qui pertinet ad divinitatem et est de virtute essentie est dum dicit : *Credo in Deum,* et non dicit *deos,* quia non sunt plures sed unus tantum ; unde in simbolo misse dicitur. Credo in unum Deum. Alii tres sequentes ad divinitatem pertinentes denotant discretionem personarum. Primus est de persona Patris, unde dicitur in simbolo. *Patrem omnipotentem.* Secundus est de persona Filii, unde dicitur in simbolo. *Et in Jhesum Christum Filium ejus* etc. Tertius de persona Sancti Spiritus, unde dicitur : *Et in Spiritum* etc. Et est sensus unam essentiam, et unum Deum credo et tres personas, scilicet Deum Patrem, Deum Filium, Deum Sanctum Spiritum. Et isti quatuor articuli sequentes pertinent ad deitatem quoad affectus ipsius deitatis. Primus indicat effectum creationis unde dicit. *Creatorem celi et terre.* Secundus indicat effectum reconciliationis, unde dicit. *Sanctam ecclesiam catholicam* sanctorum communionem et remissionem peccatorum. Et est sensus quod Deus reconciliabit te rectorem in sancta ecclesia, que est communio sanctorum et non alibi. Et per hoc potestas clavium comprobatur. Tertius articulus indicat effectum glorificationis, ibi cum dicit. *Carnis resurrectionem* quoad corpus. *Vitam eternam* quoad animam. Habes ergo septem

---

(1) Dans ces vers purement mnémotechniques, qui se trouvent déjà dans le texte du concile de Lavaur, il ne faut chercher ni rythme ni mètre rigoureux.

articulos. Tres ultimi pertinent ad deitatem. Alii vero septem articuli pertinent ad humanitatem Filii Dei domini nostri Jhesu Christi.

Primus est quod benedictus Filius Dei dominus noster Jhesus Christus conceptus est de spiritu sancto, secundus quod natus est ex utero virginali. Tertius quod passus est sub Pontio Pilato crucifixus, mortuus et sepultus secundum humanitatem. Quartus quod descendit ad inferos in anima. Quintus quod resurrexit in carne. Sextus quod ascendit in utroque, scilicet in carne et anima et sedet ad dexteram Dei Patris omnipotentis. Septimus quod in fine seculi veniet judicare vivos et mortuos et reddere unicuique secundum opera que fecerit in hac vita tam reprobis quam electis. Nam omnes cum suis propriis corporibus que nunc gestant resurgent, ut recipiant secundum opera sua, sive bona fuerint, sive mala, reprobi cum diabolo penam eternam, et justi cum Christo gloriam sempiternam. Et de istis septem articulis ad humanitatem domini nostri Jhesu Christi pertinentibus sunt isti versus.

Concipitur, nascitur, patitur, descendit in yma.

Surgit et ascendit, veniet discernere cuncta.

Articulos vero in simbolo, scilicet. *Credo in unum Deum* et *Quicumque vult* scire tenantur maxime prelati et rectores animarum curam habentes explicite et distincte. Simplicibus autem et forte omnibus laycis sufficit ut quilibet adultus accedens ad fidem credat quod unus Deus est et quod est remunerator omnium bonorum.

Item oportet et simplices et laycos alios articulos credere implicite id est credere verum esse quicquid credit ecclesia sacrosancta. Pena autem non credentium est gehenna perpetua juxta illud : Hec est fides catholica quam nisi quisque fideliter firmiterque crediderit salvus esse non poterit (1). Premium vero credentium et catholicorum est vita et salus eterna. Nam qui crediderit et baptizatus fuerit salvus erit.

Sacramenta vero ecclesiastica sunt septem, videlicet sacramentum baptismi, sacramentum confirmationis, sacramentum eucharistie sive corporis Domini, sacramentum penitentie, sacramentum matrimonii, sacramentum ordinis, sacramentum extreme unctionis, unde versus.

> Abluo, firmo, cibo, piget, uxor, ordinat et unxit ;
> Que sacramenta supra sunt lecta et summarie declarata.

---

(1) Du symbole dit de saint Athanase, clausule finale.

Dona Sancti Spiritus sunt septem, scilicet, donum sapientie, donum intellectus, donum consilii, donum fortitudinis, donum scientie, donum pietatis, donum timoris Domini, que in illo capitulo continentur : Egredietur virga de radice Jesse et flos de radice ejus ascendet, etc.

Septem sunt dona baptismi. Primum salis collatio, secundum est aurium et narium linituminatio, Tertium sancte crucis in manu appositio. Quartum est olei sancti perunctio. Quintum est crismatis in capite appositio, sextum est aque baptismalis in corpore ablutio. Septimum est in fronte sancta consignatio.

Septem sunt hore canonice de quibus est dictum supra.

Septem sunt dies seculi.

Septem sunt etates mundi, quibus completis, finietur mundus.

Septem sunt petitiones in oratione dominicali.

Septem sunt psalmi penitentiales.

Septem sunt peccata mortalia (1) videlicet superbia, avaricia, luxuria, ira, gula, invidia et accidia unde **versus** :

> Dat septem vitia dictio saligia.

In hac enim dictione **saligia** sunt septem littere, et queque littera designat unum peccatum mortale, ut potest patere cuilibet intuenti.

Septem sunt virtutes gratuite, quibus debet regi vita humana. Quarum tres sunt theologice, scilicet fides, spes et caritas. Et quatuor cardinales scilicet justicia, prudentia, fortitudo et temperantia. Et licet hujusmodi virtutes sint gratuite per gratiam informate, possunt tamen fieri informes per culpam, sola caritate excepta, et iterum informari per penitentiam adveniente gratia que habitus est virtutum, origo, finis et forma.

Septem sunt opera misericordie corporalia, scilicet visitare infirmos, dare potum sitientibus, comestionem esurientibus, redimere captivos tegere nudos, hospitari peregrinos et pauperes et mortuos sepelire unde versus :

> Visito, poto, cibo, redimo, tego, colligo et condo.

Septem sunt opera misericordie spiritualia que in hoc versu continentur :

> Consule, castiga, solare, remitte, fer, ora et pacifica (2).

---

(1) A peine est-il besoin de faire remarquer que la théologie catholique distingue très nettement aujourd'hui entre péchés mortels et péchés capitaux ?

(2) Ces vers figurent aussi dans les actes du concile de Lavaur, *loc. cit*.

Septem sunt gaudia que gloriosa virgo Dei genitrix Maria habuit de Filio suo benedicto domino nostro Jhesu Christo.

❡ Expliciunt constitutiones.

ERRATA

Page 14, ligne 31, lire *totius* pour *lotius*. — P. 18, l. 14, *maxime* p. *maxima*. — P. 20, transporter le renvoi (1) après *premissam*, l. 20. — P. 23, l. 15, *Item* p. *Itam*. — P. 29, l. 13, *indumenta* p. *indumento*. — P. 31, l. 22, *cognoverit* p. *cognaverit*. — P. 33, l. 7, *clericum* p. *elericum*. — P. 47, l. 10, *auctoritate* p. *auctoritalis*. — P. 57, l. 31, *consilio* p. *concilio*. — P. 60, l. 6, *prebendarios* p. *prebendaris*. — P. 64, l. 23, *suam* p. *suum*. — P. 67, l. 31, *nec* p. *nex*. -- P. 69, l. 28, *gravantur* p. *gravanter*. — P. 71, l. 38, *intelligimus* p. *intelligimius*. — P. 72, l. 29, *libre* p. *libere*.

Hic Incipiunt constituciones synodales Dya-
quensis. Edite per ... me. dominum ... aquensem episcopum.

Nouum ea que scripture
officio alicui imprimuntur for-
cius et firmius obseruantur
quam que solo capiuntur auditu.
Idcirco nos .N. dei gratia episcopus aquensis precepta synodalia que
nuper in synodo diximus promulgata ad
hedificacionem ministrorum ecclesie et totam qui
a parte ipsius breuitate non plene forte intelligi
potuerit per presentem scripturam proposuimus tam-
ut et qui minus bene audierint in presenti intelligant et qui presencie nostre uacant pro occasione copiam librorum declinande oblucionis
dispendium non incurrant. Mandantes insuper et districte precipiens ut singuli presbiteri infra octauam diei
huius instanciones usque ad festum sancti dyonisii
communis beati michaelis conscribi faciant et eas diligenter audistant et in singulis synodis eas secum referant ut ad ea super quibus fuerint requisiti recte valeant respondere. Alioquin
si super hiis fuerint negligentes grauiter se nouerint puniendos. Actum apud aquis die iouis
post dominicam qua cantatur Quasi modo. Anno.
domini. M. CC. LXXX. III.

In uirtute domini nostri ihesu christi distincte precipimus sacerdotibus et aliis ministris quatinus cum
honore et reuerencia et decencia debita singula ecclesiastica sacramenta ut pote baptismum
seu carismam preclare et populo exhibeant
ut reuereantur a subditis et deuote suscipiantur
ab hiis sepius in ecclesiis intimabitur. etc.

Texte manuscrit : Bibl. Nat. F. I. 1542

¶ Hic incipiũt cõstitutiones synoda-

les aquẽsis eccłie edite per bone memoie dñm Aquen. epm.

Uoniã ea que scripture officio animis imprimunt. fortius ꝛfirmius obseruant: ꝗ que solo capiũtur auditu. Idcirco nos. A. dei gratia eps aquẽsis prece-
pta synodalia que nup in synodo duxim⁹ promulganda. ad edificationẽ ministrozũ ecclesie ꝛ doctrinã. qꝛ propter tẽpozis breuitatẽ non plene forte intelligi potuerũt. p pre-
sentẽ scripturã proposuimus iterare. vt ꝛ qui mũ⁹bene audierant. modo pfecte intelligãt. Et qui etiã perfecte intellexerant
peroptime copiã lectionis declinãde obliuionis dispendũ nõ
incurrãt. Mãdam⁹ itaqꝛ ꝛ districte precipim⁹: vt singuli presbyteri nre aquẽsis diocesis has nostras cõstitutiones vsqꝛ ad
festũ dedicatiõis bti michaelis cõscribi saciãt. ꝛ eas diligẽter
addiscãt ꝛin singulis sinodis eas secũ deferant: vt cũ sup pmis-
sis in aliquo fuerint requisiti. recte valeãt respõdere. Alieqn
ꝗsuper hoc fuerint negligẽtes grauiter se nouerint puniẽdos
Actuꝛ apud aquis die iouis post dñicã qua cãtat. Quasi modo. Anno dñi MCCC.lxxx.iiij.

¶ De sacramẽtis ecclesiasticis. Rubrica.

A virtute dñi nostri ihesu xpi districte precipim⁹ sa-
cerdotib⁹ ꝛ clericis vniuersis quatinus cũ honore
ꝛ reuerẽtia ꝛ deuotiõe debita singula eccłesastica sa-
cramẽta vt pote. Baptismũ eucharistiã penitentiã
ꝛc. populo exhibeant. ꝛ vt reuerẽter a subditisꝛ deuote susci-
ant. ab hijs sepius in ecclesijs instruantur.

¶ De baptismo.   Rubrica.

A baptismo vero maxima adhibeatur discretio et
cautela. maxime in forma verbozũ ꝗ talis est. Petre ego baptizo te. In noie patris. ꝛ filij. ꝛspũs sẽcti
Amẽ. ¶ Et licet a solis presbyteris infãtes debeãt
baptizari tñ cũ mortis vel infirmitatis maxima necessitas in-
uenerit. alij clerici ꝛ layci nisi adsint presbyteri. ꝛ etiã pote rvel

A ij.